MULHERES E SUAS BAGAGENS
FASCINANTES HISTÓRIAS DE MULHERES COM VIDAS CURIOSAMENTE INTERESSANTES

CB034057

Catalogação na Fonte
Elaborado por: Josefina A. S. Guedes
Bibliotecária CRB 9/870

P437m Pereyron, Letícia Sopher
2019   Mulheres e suas bagagens: fascinantes histórias de mulheres com vidas curiosamente interessantes / Letícia Sopher Pereyron.
         1. ed. – Curitiba : Appris, 2019.
            181 p. ; 23 cm – (Artêra)

         Inclui bibliografias
         ISBN 978-85-473-2279-3

         1. Ficção brasileira. I. Título. II. Série.

CDD – 869.3

Editora e Livraria Appris Ltda.
Av. Manoel Ribas, 2265 – Mercês
Curitiba/PR – CEP: 80810-002
Tel: (41) 3156 - 4731
www.editoraappris.com.br

Appris
editora

Printed in Brazil
Impresso no Brasil

Letícia Sopher Pereyron

MULHERES E SUAS BAGAGENS
FASCINANTES HISTÓRIAS DE MULHERES COM VIDAS CURIOSAMENTE INTERESSANTES

Editora Appris Ltda.
1.ª Edição - Copyright© 2019 dos autores
Direitos de Edição Reservados à Editora Appris Ltda.

Nenhuma parte desta obra poderá ser utilizada indevidamente, sem estar de acordo com a Lei n° 9.610/98. Se incorreções forem encontradas, serão de exclusiva responsabilidade de seus organizadores. Foi realizado o Depósito Legal na Fundação Biblioteca Nacional, de acordo com as Leis nos 10.994, de 14/12/2004, e 12.192, de 14/01/2010.

FICHA TÉCNICA

EDITORIAL	Augusto V. de A. Coelho
	Marli Caetano
	Sara C. de Andrade Coelho
COMITÊ EDITORIAL	Andréa Barbosa Gouveia (UFPR)
	Jacques de Lima Ferreira (UP)
	Marilda Aparecida Behrens (PUCPR)
	Ana El Achkar (UNIVERSO/RJ)
	Conrado Moreira Mendes (PUC-MG)
	Eliete Correia dos Santos (UEPB)
	Fabiano Santos (UERJ/IESP)
	Francinete Fernandes de Sousa (UEPB)
	Francisco Carlos Duarte (PUCPR)
	Francisco de Assis (Fiam-Faam, SP, Brasil)
	Juliana Reichert Assunção Tonelli (UEL)
	Maria Aparecida Barbosa (USP)
	Maria Helena Zamora (PUC-Rio)
	Maria Margarida de Andrade (Umack)
	Roque Ismael da Costa Güllich (UFFS)
	Toni Reis (UFPR)
	Valdomiro de Oliveira (UFPR)
	Valério Brusamolin (IFPR)
ASSESSORIA EDITORIAL	Alana Cabral
REVISÃO	Andrea Bassoto Gatto
PRODUÇÃO EDITORIAL	Lucas Andrade
DIAGRAMAÇÃO	Luciano Popadiuk
CAPA	Helen Sippel
COMUNICAÇÃO	Carlos Eduardo Pereira
	Débora Nazário
	Karla Pipolo Olegário
LIVRARIAS E EVENTOS	Estevão Misael
GERÊNCIA DE FINANÇAS	Selma Maria Fernandes do Valle

À minha avó, Eva Sopher, pela incrível mulher que foi.

AGRADECIMENTOS

Às mulheres cujas vidas foram aqui relatadas.

PREFÁCIO

Dizem que a bagagem de cada um equivale ao que se consegue carregar. Se você for muito frágil e adicionar peso demais à mala, provavelmente, irá despencar. Ou, pior, nem conseguirá tirar o carregamento do chão. Ao longo de 270 dias, viajei o mundo com 20 quilos nas costas e outros 10 na mochila de frente, tentando me equilibrar. Tive que controlar, diversas vezes, o impulso da compra supérflua, pois sabia que seria uma força extra por algo insignificante. No entanto, quando me encontrei despreparada frente ao frio dos países nórdicos, por exemplo, tive que substituir peças, retirar aquilo que não me parecia essencial, fazer escolhas e trocas. Deixar elementos pelo caminho.

Bagagem pode ser, sim, sinônimo de leveza. Depende de quem a organiza. Pode significar bagunça ou praticidade, esfolar os ombros, dar calos nas mãos e dor nas costas. É tudo uma questão de manejo e de autoria, no final das contas. Por isso, impressionou-me a capacidade de Letícia Pereyron de, além de cuidar da sua própria mochila, ajudar a carregar o maleiro alheio. Que não é de pouco peso. Nas páginas a seguir, Letícia remexe com atenção e respeito nos pertences de outras mulheres e ajuda a organizá-los de maneira a deixá-los escancarados para quem quiser tomar alguma peça ou acessório emprestado.

Não parece ter sido fácil distribuir esse peso, separar a roupa suja e selecionar o que estaciona e o que segue pelo caminho. No entanto, a viagem foi cumprida. Entre um roteiro e outro e destinos divergentes, Letícia mostra que é possível ser mulher, andar sozinha e reforçar o lombo com os aprendizados da estrada; que, ao longo do percurso, vai se deixando de lado todos aqueles presentes para terceiros, kits de maquiagem e enfeites desnecessários, por se dar conta de que é tão mais confortável caminhar leve. E lá, na linha de chegada, a gente reconhece que não importa por quê, mas para quem se realiza o trajeto. Nem que seja por você mesmo.

Fernanda Pandolfi

Jornalista

SUMÁRIO

LUCINDA 13

MARGRET E EVA 17

MEI 23

ASHLEY 29

DANIELA 37

JINYU 47

A PROSTITUTA PORTUGUESA 53

MAMÃE E EU 57

ALICE E STEPHEN 61

ALLYSON VINALA 67

DONA DEYSE E SEUS QUATRO AMORES 71

CHRISTINA E DAVE 83

VANESSA E MARK 93

MARCELA 99

CHRISTA 111

DORA E NINA 121

MIGUEL E DONA LAURA 125

ANA FLOR 137

LEANDRA, MURILO E JAMAL 145

MARTA E CARLO 157

PERRINE 163

MELISSA 169

CORINE E JONAS 173

MARIA PIA E EDUARDO CASTANHO 179

LUCINDA

  Abri a geladeira, não havia nada além de margarina diet, maçãs murchas, alface e leite desnatado, que se não fosse sua cor esbranquiçada e a garrafa que o embalava, eu diria que era água envelhecida. Abri o armário da despensa, havia biscoitos crackers integrais e cereais que não alcançavam noventa calorias. Retirei do refrigerador a alface e piquei uma maça sobre ela. Ladeei a rala salada com migalhas das bolachas salgadas. Esse foi o meu jantar – e única fonte de alimentos que eu consumi no dia que minha mãe morreu de anorexia, além de um copo de leite puro horas antes, como desjejum.

  Mamãe faleceu como ela ansiava, acompanhada de uma serena paz e de suas três filhas. Morreu magra, conforme tentou e conseguiu ser em sua plena vida, mas não morreu de morte natural e, sim, de não se alimentar. Originalmente nascida em Montevideo, passava seus verões exibindo sua beleza anoréxica em Punta del Este, onde meus avós tinham uma bela casa de veraneio. Foi na badalada praia uruguaia que ela conheceu meu pai, um ricaço que jogava golfe e fumava charutos. Apesar de papai ser um homem ocupadíssimo com seus negócios, ele dava toda a atenção que eu e minhas irmãs precisávamos. O que ele falhou em perceber foi como minha mãe manipulava o que e quanto eu comia – ou não comia.

  Não me recordo exatamente como e quando iniciou, mas lembro dos secos olhares de desaprovação de mamãe quando eu pedia para repetir um prato em alguma refeição ou citava querer sobremesa. Refrigerantes eram permitidos somente em nossos aniversários, o que já era muito, uma vez que éramos três filhas. Suco também não podíamos tomar porque continha muito açúcar. Nossa bebida predileta tinha de ser água. Em torno dos meus doze anos, ganhei míseros quatro quilos devido ao começo da puberdade, o que fez eu me sentir como uma moça madura, pois as mudanças de meu corpo estavam visivelmente mostrando que eu viria a me transformar em mulher em breve. Mamãe, no entanto, sentou-se ao lado de minha cama uma noite escura, lançou um olhar criteriosamente examinado sobre meu corpo e proclamou-me estar acima do peso. Mostrou-me fotos de pessoas obesas e afirmou-me que eu não queria ser daquela forma. Era feio. – Tu eres gorda. Fea. A nadie le gusta la grasa.

 Ao invés de apoiar o crescimento sadio e celebrar a primeira menstruação como ela fizera com minhas duas irmãs mais velhas, mamãe entrou em crise de fúria e ansiedade devido ao meu ganho de quilos. Assustada com a forma que eu havia deixado minha querida mãe, comecei um áspero regime no dia seguinte, no qual não comia nada pela manhã, somente ingeria um copo de leite desnatado, tomava água ao decorrer do dia para disfarçar a fome. Escapava o almoço, pois um prato de comida trazia com ele muitas calorias para um só corpo e me alimentava novamente à noite, com alface e crackers. A sobremesa era uma maçã.

 Durante a semana, eu frequentava a academia em que minha mãe havia me inscrito. Eu sofria com os curiosos olhares de adultos observando aquela jovem adolescente que deveria estar dançando balé ou fazendo aulas de natação ao invés de estar malhando naquela atmosfera madura. Nas manhãs de sábados e domingos, mamãe propunha-me longas caminhadas e quando completei quinze anos, corridas. Com as palavras de minha frenética mãe, "Piensa en la cantidad de calorías que se pierden", e eu ia, pois agradá-la agora era uma questão de honra, eu não podia ser a causa de ela entrar em crise de exaltação ou angústia novamente. Para animar-me, mamãe me comprava um suco de limão no final da corrida, para recompor as perdas. Sem açúcar, evidentemente. Percebi que era fácil deixá-la contente, bastava acompanhá-la nas manhãs de exercícios e passar fome e, dessa forma, tornava-me saudável e a deixava orgulhosa de mim.

 Os sintomas da anorexia nervosa que eu desenvolvia começaram a brotar. Eu tinha quinze anos, estava prestes a fazer dezesseis, e minha menstruação ainda não havia batido em minha porta. Minha pele, além dos tons azulados e arroxeados que trazia, começou a apresentar uma estranha camada de pelos, como um animalzinho adoentado. Meu cabelo, quando crescia, vinha seco e fino. Meu sono era fragmentado, e, quando tinha sorte, não acordava com a boca seca dos pesadelos. E, finalmente, o frio. Eu passava muito frio, pois meu corpo aniquilado não continha nenhuma gordura. Eu lembrava um cadáver com a magnífica habilidade de se mover.

Meu pai, enfim, percebeu como minha doente mãe estava deformando sua filha caçula e resolveu intervir depois de faminto anos. Levou-me a um médico, que me advertiu que eu não viveria de café, água e cigarros apenas. O simpático velhinho de cabelos grisalhos, suspensórios e gravata borboleta xadrez mediu-me, pesou-me e entregou ao meu pai uma dieta de engorde que tinha que ser seguida incondicionalmente. Minhas irmãs também interferiram a pedido de meu pai, não permitindo minha mãe fazer-me correr ou caminhar e, de forma nenhuma, ela poderia me indicar o que comer. Verônica, a mais velha, era a responsável pelas compras no supermercado, ordem de papai. Havia uma lista de alimentos que eu deveria consumir diariamente e ela era a responsável por verificar tal lista. Carmen, a do meio, estava em controle dos fanáticos olhares de mamãe para o que eu comia e também o que ela me dizia. Papai havia deixado claro que não poderia sair nada de seus lábios em relação à minha alimentação. Carmen também tinha outra tarefa: a de anotar quantas vezes por dia eu vomitava e, à medida que os dias iam escoando, ela deveria fazer com que eu vomitasse menos, até que eu conseguisse ingerir uma refeição inteira.

Tais atitudes deixaram minha mãe mais insana do que ela já era. Eu já tinha meus dezesseis anos e dez meses, nove quilos a mais e minha menstruação quando finalmente entendi o que passava dentro da mente perturbada de mamãe. Ela projetava seus valores em mim, assim como suas vontades, seus desejos, suas falhas e seus fracassos. Ela tentara ser magérrima por toda sua vida e conseguira, mas não ao ponto que desejava. O anoréxico, por mais magro que seja e aparente ser doente, sempre acredita que há mais quilos a perder, mesmo quando não há.

Ele se olha no espelho e continua entrevendo um obeso. Mamãe não tinha mais um grama para perder, mas mesmo assim, ela pensava que ainda era possível afinar. Como ela não conseguia tal feito, começou a projetar aqueles gramas e quilos a serem perdidos em mim, um corpo vulnerável que se parecia com o dela. Enquanto minhas irmãs haviam herdado todos os traços físicos de meu pai, eu era idêntica à minha mãe.

Eu comecei a adquirir peso e me sentir orgulhosa, o que era bastante satírico para mim, que meses antes exaltava qualquer quilo perdido e ia correndo contar para mamãe. Agora, no entanto, era diferente, eu estava cônscia de que eu padecia da frustração da minha própria mãe, e a doença que eu estava desenvolvendo ainda não havia alcançado minha mente, como ocorrera com minha mãe. A minha anorexia era ainda ao nível superficial do corpo.

Os anos seguintes foram alimentados com bastantes panóplias: engordei o que carecia, completei dezenove anos, meu cabelo voltara a ter raiz oleosa, minha pele era corada novamente e minha menstruação estava mais regular do que as fases da lua. Desgraças também ladearam tais anos: meu pai divorciou-se da figura desolada de minha mãe, arranjou uma namorada mais nova que parecia uma modelo de lingerie e o último choro da família, a morte de minha mãe.

Verônica, Carmen e eu observamos juntas a beleza da morte oca de minha mãe, que morreu em paz consigo mesma, uma vez que faleceu da maneira como queria: sem comer. Ela durou onze dias sem comida nem água, um milagre para alguns, mas não para aquele corpo revolvido que fora judiado pelos seus anos sofridos. Com as emoções manquejando ao redor de sua cama em seu pequeno ninho, ela deitou-se em seu leito e dali não se ergueu mais. Quando ela feneceu, pela manhã, fui a sua cozinha e tomei um copo de leite puro. Passei o dia em jejum, pois aquela seria a última vez que eu passaria fome ou contaria obsessivamente a quantidade de calorias que eu ingeriria. À tardinha, antes do enterro, comi alface com maçã como jantar, e a enterrei junto com sua perseguição viciosa por emagrecer. Sentou-se ao meu lado, na mesa daquela cozinha vazia e sombria, a estabilidade de um simples momento: eu não teria mais ninguém para agradar no restante de todas as minhas horas.

MARGRET E EVA

Pele poeirenta, face amedrontada, cabelos imundos e fedidos. A respiração, os gases, os arrotos, as tosses e os espirros fortemente controlados. Lábios trêmulos, olhos assustados, coração apreensivo. Vozes ora sussurradas, ora mudas, palavras escassas a serem trocadas, diálogos inaudíveis. Três figuras fantasmagóricas. Era como viver dentro de sua própria sepultura, porém vivo, ou na tentativa derradeira de sobreviver. Três judeus escondidos num porão na Alemanha Nazista.

A dúbia incerteza de como seria a pátria nova. A longa viagem naquele navio colossal que parecia um engolidor de gente pequenina. Os corpos atirados ao mar depois de corroídos por vírus mortais contraídos no incomensurável barco. O cansaço a ser enfrentado. A escassa comida oferecida naquela magnífica libertadora e também apavorante viagem. Crianças novas para conhecer, amizades a serem fortificadas. Medo de nunca mais reencontrar o cachorro deixado em Frankfurt, temor de não rever os colegas de aula, pavor de não reencontrar a melhor amiga que ficara na terra que viria a sediar o maior morticínio de todos os tempos.

Duas judias com histórias semelhantes que tiveram suas doces infâncias interrompidas pelo fanatismo nazista. Duas ingênuas crianças que nada tinham além de um único título: o de serem judias. Ser judeu, mais tardiamente, traria muitos sentimentos a serem experimentados: o da vergonha, o do medo, o da fuga, o da ira, o de conhecer outro mundo, o de aprender a transformar-se em invisível, o do ódio permanente, o de aprender a perdoar. E para seis milhões deles, o de morrer da forma mais sórdida e hedionda possível.

Margret era a filha caçula da família Mizrahi. Tinha dois irmãos, Klaus e Ilsa. Os pais foram levados pelos soldados nazistas ainda no início da guerra, em meados de 1940, quando trabalhavam em sua tendinha numa calma rua de Bonn. As crianças órfãs foram acolhidas pela família vizinha, que não era nem judia, nem nazista. Como se isso fosse possível na Alemanha Hitlerista.

Os Hoffmann viriam a tornar-se em breve membros do Partido Nacional-Socialista, mas não agiam como tal e muito menos eram a favor dos nazistas. Ao menos, não foram quando acolheram os três irmãos esbofeteados pelo destino que os judeus teriam naquele país, naqueles próximos anos. Ingrid Hoffmann soube do infeliz fim que tiveram os pais de Margret e não tardou em recolher os três inocentes judeus que, sem um apoio amadurecido, também terminariam sendo levados pelos soldados alemães. Essa seria a explicação para o sumiço das crianças de qualquer maneira, então por que não tentar salvá-las?

Ingrid dirigiu-se à casa ao lado na mesma tarde em que soube do que havia ocorrido na tendinha dos Mizrahi e com um punhado de outros judeus. Solicitou à filha mais velha, a adolescente Ilsa, que levasse seus irmãos para sua casa, pois havia lhes preparado suco de maçã. Ao entrar em sua casa, Ingrid ordenou que os mais novos fossem brincar no porão com umas madeiras lá deixadas para que ela e Ilsa pudessem conversar. Entre escassas e contidas lágrimas, Ilsa entendeu o que havia acontecido com seus pais, pois a menina tinha esperteza e também consciência do estado em que seu país se encontrava e do futuro que os judeus aguardavam naquela terra de gente com olhos azuis e cabelos loiros. A proposta da bondosa vizinha era a de que os três irmãos ficassem juntos e escondidos em seu porão até que conseguissem arranjar um esconderijo mais seguro.

Não parece tão fácil assim. Diversas medidas deveriam ser tomadas. A primeira: somente o casal Hoffmann tomaria conhecimento dos hóspedes em seu porão. Se o filho deles Bernhard soubesse, agiria como qualquer criança pura e distante das maldades dos alemães e indubitavelmente demonstraria desejo de brincar com os três amigos, principalmente Klaus, que tinha aproximadamente a sua idade. A segunda medida envolvia necessidades básicas. Alimentação e higiene. Os três órfãos comeriam o que houvesse sobrado do dia anterior – Ingrid sempre cozinhava a mais, para que houvesse sobras –, antes de Bernhard Hoffmann acordar e do sol trazer luz à casa. Alimentavam-se antes do amanhecer e fariam as necessidades dentro de um balde, o qual a simpática vizinha levaria ao seu banheiro dez minutos mais tarde para jogar o conteúdo no vaso sanitário e tocar a descarga. Ainda escuro, não era tão difícil de fazer.

As crianças não podiam tomar mais do que uma garrafa de água pelo resto do dia, para que não precisassem urinar ou fazer qualquer necessidade antes da noite chegar. Passavam os dias inteiros dentro do porão dos Hoffmann, quietos como estátuas, sem entender o que haviam feito de tão desonesto naquela vida para merecer o que estavam vivendo. Ilsa, por já beirar os quatorze anos, sabia que aquelas drásticas medidas eram necessárias para a sobrevivência dos três. Já Klaus e Margret foram prometidos pela irmã que quem suportasse aquela situação por mais tempo receberia um grande presente quando tudo aquilo viesse a terminar. Não houve um dia em que Ilsa não tivesse que discorrer sobre o tal prêmio.

À noite, depois de colocar o filho para dormir, Ingrid descia até o esconderijo para atender a seus convidados. Levava-lhes pão com geleia e, quando era possível, queijo. A família Hoffmann não era tão privada de dinheiro como muitas outras famílias alemãs daquela época, mas em tempos de guerra, deveria ser prevenida. Quando não lhes levava pão, fazia um mexido de ovos com salsicha. Queria mais proteínas para aqueles ratinhos do porão. Tomavam suco num dia, leite no outro.

Banho era escasso. Ingrid usava o mesmo balde da manhã para as necessidades noturnas, no qual os três restantes da família Mizrahi faziam suas necessidades, e depois se lavavam com outro balde, um pouco maior. No sábado pela manhã, como Bernhard dormia até um pouco mais tarde, a preocupada mãe acordava mais cedo e levava água com sabão dentro do balde para lavar os cabelos dos três. As meninas adoravam, Klaus nem tanto.

A terceira medida era a mais séria de todas: como fazer três crianças naturalmente energéticas e um tanto agitadas, que querem somente brincar um pouquinho sob a luz do dia e que também sentem uma imensa e moribunda saudade do pai e da mãe tão amados, calarem-se por meses?

A resposta: a crescente atmosfera da Alemanha de Adolf Hitler. Ingrid era uma boa pessoa. Apesar de demandar silêncio absoluto dos três hóspedes no porão, ela havia lhes dado jogos, cartas e alguns brinquedos para que se mantivessem entretidos. De duas em duas semanas, ela levava algo novo. Margret tinha um carinho especial por uma cadernetinha colorida que havia recebido de Ingrid para desenhar e praticar sua escrita. A capa era cheia de listras horizontais rosas, vermelhas, verdes e laranjas e, no espiral, havia umas fitinhas das mesmas cores amarradas, o que tornava a cadernetinha a coisa mais especial que ela havia ganhado naquele lugar escuro e calado. A caçula utilizava uma letra bem pequenininha para que não chegasse à última folha da colorida e companheira caderneta.

Quatro anos antes, Eva, originalmente registrada como Eva Margarete Plaut, um tantinho mais sortuda do que Margret, teve um destino distinto de um escuro porão onde o silêncio era o mais apropriado companheiro. Acompanhada de sua irmã Lieselotte, sua mãe Marie e de seu pai Max, a família judaica começou a pressentir o ambiente do Führer anos antes da guerra vir a tornar-se realidade. O pai, um respeitado banqueiro de Frankfurt-am-Main, conseguiu manter certa tranquilidade em relação às tiranias do líder alemão até 1935, ano em que Eva foi separada de seus primos. Cada família tomou uma direção: os Plaut vieram explorar uma nova terra para eles, chamada Brasil. O primo Hans Trefausse emigrou para os Estados Unidos junto aos seus pais e, quanto ao outro primo, também chamado Hans – ninguém conhece a exata razão para ambos terem recebido o mesmo nome –, permanecera na Alemanha com a avó paterna, que o cuidava desde o seu nascimento uma vez que a mãe morrera imediatamente após o parto, devido a uma infecção hospitalar. Essa avó não era judia. Claro.

O fanatismo Hitlerista começava a sua ascensão. O pai de Eva já não era mais bem-vindo a alguns estabelecimentos, que penduravam o aviso *Proibida a Entrada de Judeus* em suas portas. Certo dia, Eva chegou chorando à sua casa, pois havia sido impedida de brincar com a melhor amiga da escola, uma simpática menina de cabelos loiros como o sol e olhos azuis como o oceano. O banqueiro quis dar um basta naquilo, que viria logo transformar-se em catástrofe. Max veio a descobrir que, para sua área de negócios, uma curiosa e distante terra chamada São Paulo era própria para estabelecer sua nova casa.

A dor de Eva não foi amena ao deixar suas raízes. A menina de treze anos temia nunca mais encontrar os amigos, os colegas, os primos e seu cão de estimação que, sem o conhecimento da menina, havia sido sacrificado para não terminar seus anos já idosos nas malvadas mãos dos seguidores de Hitler. O cãozinho certamente era especial, acompanhara-as nos mais afáveis momentos da infância daquelas duas irmãzinhas, que viriam a tornar-se adultas bastante em breve. Elas tinham, no entanto, que partir.

De volta à Alemanha do Führer, Margret continuava no porão escuro e frio da casa dos Hoffmann com seus irmãos brincando de ser uma escultura. Três meses já haviam se passado quando a filha judia de mãe italiana e pai alemão teve o começo de seu final feliz. O presente que Ilsa havia prometido estava prestes a tornar-se real. O tio dos pequenos judeus escondidos, irmão mais velho de seu pai, havia regressado à cidade em que os órfãos haviam sido esquecidos e os procurou na casa dos poucos amigos confiáveis que o casal arrastado da tenda conhecia.

O tio, cheio de boas intenções e portador de um grande coração, dispunha de um plano de fuga tão secreto que os Mizrahi jamais seriam pegos pelos homens inimigos que haviam levado seu irmão e sua cunhada. Viajou por diversos lugares com os três sobrinhos, que agora apresentavam documentos falsos e passavam por seus próprios filhos. Percorreram diversas terras até chegarem a que formaria sua base, Milão. A recompensa da irmã não poderia ser melhor: uma viagem cheia de aventuras.

A excursão não foi tão fácil assim, mas foi repleta de peripécias e bons efeitos. Margret chegou à sua nova pátria exatamente três meses depois de ter deixado Bonn, porém também teve que se esconder na Itália. Seu esconderijo, entretanto, era maior, mais bem preparado e até uma cama e banheiro ela desfrutava. A preparação para a guerra que estava prestes a se tornar gigantesca fora muito bem calculada. Quantos aos seus queridos pais, Margret jamais voltou a vê-los.

Chegada à nova cidade conhecida como São Paulo, Eva estudou por dois anos no colégio Mackenzie, mas logo perdeu o interesse pelos estudos, uma vez colocada na classe de meninas mais jovens, devido à falta de habilidade linguística. Veio logo a matricular-se em aulas com uma artista plástica, alimentando seu amor pelas artes. Após ter encontrado a essência do que amava, Eva conheceu pessoas nesse meio e, por sua alta capacidade no campo e extrema competência, conseguiu um trabalho no estabelecimento que tanto almejava aos dezesseis anos. Ao beirar seus jovens, porém maduros, vinte e dois anos, Eva conheceu o único amor de sua vida, com quem, em pouquíssimos meses, veio a casar-se. O nome do homem que devolveu a felicidade à minha avó: Wolfgang, meu querido avô.

Margret e Eva conheceram-se alguns anos mais tarde, quando a Alemanha já vivia em paz. Ambas agora eram residentes do Rio de Janeiro, onde Eva teve suas filhas. As duas fugitivas judias tinham muito em comum e muito a descobrir pela frente. Tornaram-se grandes amigas, mas Eva permaneceu no Brasil, e Margret voltou a Milão anos mais tarde.

Wolfgang fora convidado para gerenciar a importante empresa da qual ele já fazia parte na filial do Rio Grande do Sul, conduzindo sua família a Porto Alegre. Eva, amante das artes e da cultura, logo foi convidada para reconstruir um estabelecimento em ruínas há mais de trinta anos, chamado Theatro São Pedro, e ela o fez. Faleceu em 2018, vítima de um AVC, aos 94 anos. Ficou conhecida nacionalmente como Dona Eva. Margret, que veio a ser uma profissional da música clássica, nunca se casou.

MEI

Mãe de dois filhos biológicos e dois adotados, já vivi quarenta e dois invernos e verões. Intitularam-me viúva há cinco meses, quando meu marido finalizou sua estruturada vida com uma bala no cérebro, no dia vinte e cinco de janeiro do ano de 2010, logo após ter feito uma ligação para o meu celular perguntando-me se eu podia regressar mais cedo para casa naquela tarde fria de janeiro em Washington, D.C. Enfadonhamente, respondi-lhe que não era possível, mas que eu estaria em casa por volta das seis e meia da noite, depois de buscar as crianças na casa da tia delas, onde mora o meu filho mais velho.

Benjamim e eu nos casamos quando ambos tínhamos vinte e nove anos. Apresentamo-nos um ao outro um ano antes, em um evento de caridade aos arredores de nossa cidade, logo que eu esbarrei minha mão esquerda que meneava um largo copo de café quente em sua camisa de linho salmão. O incidente foi tomado por um susto primeiramente, mas seguido de um bondoso e perdoado sorriso da parte dele e um encabulado da minha. Aquele par de sorrisos nos uniu imediatamente.

Apesar de termos encontrado um no outro um sentimento fidedigno, o que ambos realmente queríamos era formar uma grande família. Engravidei do nosso primogênito, Charlie, quando desfrutávamos do nosso primeiro ano de casados. Tentamos engravidar do segundo imediatamente depois que meu primeiro filho parou de mamar, mas tive um pouco de dificuldade em conceber novamente, e, como adotar era algo acordado em nossos planos, adotamos nosso segundo filho, Owen. No final do processo de adoção, quando já estávamos a um mês de receber Owen, engravidei da minha única menina, Zoe. Ditosos com nossos três filhos, estávamos um tanto tensos com nossa situação financeira, que passou a ser delicada, pois resolvemos deixar de ser inquilinos para sermos proprietários. Resolvemos investir em um imóvel ao invés de pagar parcelas direcionadas ao bolso de um terceiro todos os meses.

Meu trabalho envolve gerenciar dois grupos filantrópicos que oferecem assistência a refugiados e imigrantes recém-chegados aos Estados Unidos que não falam o idioma do país e têm necessidade de auxílio para localizar moradia e trabalho. São imigrantes, na maioria das vezes, provindos de países miseráveis da África e outros emanados da América Central. Esses últimos, falantes de espanhol, geralmente conseguem sobreviver mais facilmente do que os primeiros devido ao extenso número de pessoas que usam o espanhol nos Estados Unidos e por sua cultura não se diferenciar tanto da nova.

O Benny, apelido do Benjamim, trabalhava na equipe que prestava auxílio aos refugiados da América Central que vinham aos Estados Unidos em busca de paz, uma vez que seus países estavam em guerrilha ou eram liderados por presidentes ditadores, como os da Venezuela ou Colômbia. Os refugiados para quem o grupo de Benny oferecia ajuda vinham de países como Nicarágua, El Salvador, Honduras, Haiti, República Dominicana e Cuba.

Nossos empregos não nos rendiam muitas riquezas materiais, mas ao menos fazíamos o que amávamos. As pessoas atualmente encontram-se muito ocupadas para ajudar. O verbo 'ajudar' já não faz parte do vocabulário de muitos cidadãos, que só se preocupam com seus próprios problemas, se é que o que eles têm pode ser chamado de problema. Já ouvi por aí muitas mulheres reclamando que seus maridos não são muito presentes em casa ou que não fazem nada adequado na cozinha, ou que o filho faz muita bagunça na escola ou até mesmo que o cachorro está dando trabalho. Essas pessoas não têm a mais vaga ideia do que constitui um problema, não pressupõem o que imigrantes e refugiados vivem em seus países antes de migrarem para os Estados Unidos ou onde começam suas novas vidas.

Há muitas crianças afastadas de seus pais, que têm de ir ao país novo em busca de moradia e trabalho antes de levar suas famílias, muitas vezes deixando os filhos com tios por anos até que seja possível a ida ao novo lar. Em minha opinião, isso constitui um problema. Um fato adicional sobre essas crianças: elas permanecem anos em países com guerras internas e, consequentemente, carregam um trauma para o resto de suas vidas. Muitas vezes não são capazes de aprender qualquer conteúdo ou matéria na escola, devido à agressão que trazem com elas. Passam anos no novo país sem se comunicar, pois não conseguem adquirir o novo idioma ou qualquer característica da nova pátria. São crianças que muitas vezes foram violentadas fisicamente ou molestadas sexualmente. São crianças que têm seus pais levados em busca de uma vida melhor e mais digna por anos até um duvidoso reencontro. São crianças que não conhecem a felicidade, muitas vezes, quando chegam à "pátria" nova.

Eram essas as pessoas que Benny ajudava em seu cotidiano. No entanto, logo que nasceu a Zoe, Benny julgou ser hora de encontrar um trabalho que o pagasse mais dignamente, pois sustentar uma família com recursos de trabalho filantrópico se tornou afanoso. Quando se almeja o melhor para as pessoas, almeja-se muito mais para a sua própria prole. E foi sob essa condição que Benny se desligou do que amava e começou a procurar emprego em grandes firmas, que lhe renderiam um pagamento mais justo. Encontrou em seguida, pois seu currículo era bastante atrativo.

Com um diploma de graduação em Recursos Humanos e um de Mestrado em Trabalho Social, foi contratado por uma empresa americana de grande porte com uma de suas sedes em Washington. Trabalhou na área de recursos humanos da empresa, mas não houve um dia que Benny não reclamasse dos colegas ou da maneira que a abjeta empresa era liderada ou tratava seus funcionários. Ouvi reclamações por longos anos, mas não havia nada que eu ou Benny pudéssemos fazer. Seu salário era competitivo e já estávamos no processo de adoção do quarto filho, Vicente, um menino que havia sido trazido do Equador pelo pai, mas ficara órfão, pois o pai desaparecera na fuga aos Estados Unidos.

A arte da adoção pode transformar-se em um vício. Nossa família estava crescendo e, apesar de amarmos e sermos orgulhosos dela, a nossa situação financeira foi ficando cada vez mais sensível. Chegamos ao ponto de que nem eu, tampouco Benny, almoçaríamos na cafeteria de nossos trabalhos, pois precisávamos economizar todo o dinheiro que ganhávamos para sustentar nossos quatro filhos. Levávamos sanduíches de casa para o almoço para não comer em restaurante e gastar dinheiro. Qualquer atividade extracurricular das crianças foi vetada e, aos finais de semana, não saímos para não gastar o desnecessário. Minha caridosa irmã, estando a par da situação que nós encontrávamos, ofereceu-me para cuidar de um dos seus sobrinhos, pois assim aliviaria um pouco nossa condição de inópia. Como ela e o marido eram padrinhos do Charlie e eles se relacionavam muito bem, nosso filho mais velho foi morar com os dindos.

No início, foi como observar um prédio desmoronando: ao mesmo tempo em que é extremamente atrativo, é também agonizante de ver, incerto de como vai findar, periclitante para quem residia lá, mas completamente necessário. Acabamos, contudo, acostumando-nos, passados alguns meses. Nossa situação financeira não melhorou o suficiente, pois éramos ainda cinco dentro de casa e minha remuneração não era competitivamente atraente. Creches, alimentação, as prestações da compra da casa e todas as outras contas para pagar custavam bastante.

Eu sentia a frustração de meu marido diariamente por detestar o seu empregador, uma empresa de grande porte que somente cobrava números de seus funcionários, e isso não era exatamente a paixão de Benny. O que o encantava era prestar auxílio a pessoas, e quanto mais carentes e frágeis elas fossem, maior era sua gratidão por Benny e mais gratificante tornava-se seu trabalho. No entanto, meu marido teve que se desligar dessas pessoas e de fazer o que amava para poder ajudar seus próprios filhos. A outra razão de sua frustração era não poder sustentar toda a família que criamos e termos que deixar um de nossos filhos na casa de minha irmã. Sabíamos que ela e o meu cunhado cuidariam de Charlie como se ele fosse fruto deles, mas para um pai e uma mãe aceitarem que um filho seja criado por outros, por questões financeiras, era uma espinafrada dor que só quem abdica de um filho conhece.

O desânimo frustrado de Benjamin foi aumentando cada vez e foi se tornando evidente que ele desenvolveria um distúrbio mental, uma depressão. Ele foi perdendo o interesse em ir à empresa, em cuidar dos filhos, em realizar qualquer atividade relacionada à nossa casa ou à nossa família. O interesse em nós dois também foi se esvaecendo. Ele procurava-me em nossas intimidades cada vez com menos frequência. Sugeri-lhe, então, que procurasse ajuda psiquiátrica, pois tínhamos plano de saúde (pago pela sua empresa) e há muitos *social workers* com licença para clinicar, exercendo a função de psicólogos. Na semana em que ele resolveu marcar consulta com um desses trabalhadores sociais, dois meses depois do início da sua aparente depressão, foi a semana em que ele comprou um revólver e terminou com sua vida dentro de nossa cozinha, em uma solitária tarde do outono.

Benny telefonou-me no dia de seu suicídio e pediu-me para voltar para casa mais cedo do trabalho. Não percebi nada de diferente em sua voz, apenas a mesma tristeza e desânimo que vinham lhe acompanhando fazia meses. Naquela tarde, deixei o meu escritório como normalmente fazia, às cinco e meia da tarde, dirigi até a creche das crianças mais novas, passei na casa de minha irmã para pegar meus dois filhos mais velhos, inclusive Charlie, que naquela noite dormiria em nossa casa, e, quando chegamos, os cinco, à nossa casa, estava arremessado no chão o sorumbático ato final: Benny, todo ensanguentado, em nossa cozinha, o olhar de desespero ainda ladeava a cabeça destruída pela arma ao seu lado. As vozes, os choros, os gritos e qualquer som que as crianças faziam haviam sido silenciados por aquele momento, o momento em que vi o homem que tanto amava morto no meu chão. Terminada estava sua vida, nosso casamento, o pai dos meus filhos e qualquer chance de um futuro normal. A imobilidade de sua expressão portadora de agonia me comprovava que nada dali em diante seria normal.

Uma culpa de dimensões de um abismo infindo começou então a percorrer o meu corpo. Ele havia me telefonado. Eu poderia tê-lo escutado. Eu poderia ter retornado para casa. Eu poderia ter evitado, eu poderia tê-lo acudido como fazíamos em nosso dia a dia com tantos imigrantes que mal conhecíamos. A culpa não estava atirada naquele chão da cozinha; a culpa estava pendurada em minhas costas e, dali, não desceria tão cedo. E era pesada.

Comprimi meu desespero, minha tristeza e minha culpa como um espremedor de laranjas e chamei a polícia. Coloquei as crianças no quarto de Owen e Vicente e liguei para minha irmã, que, em aprazados dez minutos, chegou até nós. A polícia também não se alongou, mas não havia nada que alguém pudesse fazer. O desastre já havia ocorrido. Só restava descobrir sobre a arma e realizar um enterro, no qual não usei nada além de um traje preto e minha culpa.

Hoje, cinco meses tardios, ainda não se descobriu de quem Benny comprou aquela arma homicida. Deve ter sido de algum mercado negro, algo ilegal, pois a arma nunca fora registrada. Quanto a nós, Charlie voltou a morar comigo e a empresa de Benny seguidamente organiza eventos para nossa causa. Todos os meses eles preparam um almoço na cafeteria da empresa cujos lucros são doados à nossa família. O meu chefe me ofereceu um aumento de salário, pois agora sou uma assistente social sustentando quatro filhos. Minha irmã paga a creche do meu bebê mais novo, eu, a de Zoe, e os outros dois frequentam escola pública. É evidente que não poderei pagar universidade para todos os meus quatro filhos e, como todas as universidades nos Estados Unidos são pagas, inclusive as públicas, não sei qual será o futuro deles. Estou na boa fé de que algo bom apareça no destino dos quatro. Espero que não seja apenas um sonho evanescente.

ASHLEY

Perdi inteiramente qualquer contato com a Ashley. Procurá-la não está hábil a mim, uma vez que seu sobrenome não seja de meu conhecimento. A Ashley era a noiva de um dos dois proprietários do *pub* onde trabalhei na segunda vez em que morei em Londres, o Patrick. Filha de um irlandês e de uma portuguesa, ela havia nascido na Inglaterra, onde morou por toda vida. Antes de os primeiros sinais da puberdade, os pais de Ashley se divorciaram, momento no qual a mãe foi arrastada para sua terra natal. Esse "abandono" maternal sem dúvida foi uma das explicações sobre o comportamento aflito e alienado que Ashley apresentava na sua vivência.

Primeiramente, contarei sobre o pai dela, quem eu tive o prazer de conhecer. Dono de uma rede de treze pubs irlandeses em Londres, o pai exercia uma reluzente fascinação nas mulheres. Posso descrevê-lo como um homem muito atraente, tinha cabelos ondeados e castanhos escuros, um olhar aconchegante lançados de seus olhos azuis oceânicos, lábios finos, mas recheados de caráter, possuía o tom rosado da pele dos britânicos e a experiência dos anos era marcada em seu rosto. Não era um rapazinho qualquer, bisonho e ingênuo; e evidente era a sua percorrida nos negócios noturnos. Era um homem que exalava um odor de sucesso. O pai de Ashley tinha duas filhas, a protagonista aqui e uma irmã, dez anos mais jovem, a Kim. Muito nova para trabalhar no *night business*, Kim tinha dezesseis anos que aparentavam uma década a mais. Já Ashley trabalhava cinco noites por semana em um dos *pubs* de seu pai, e também o mais movimentando e frequentado da época, o B. B., em Convent Garden. Eu era freguesa leal do bar todas as terças-feiras.

Enjoativamente bela, Ashley exaltava uma atmosfera enigmática, ao menos para mim. Trabalhava como se não me conhecesse – tampouco minhas amigas –, não cabia a ela dar atenção e muito menos conversa aos seus conhecidos naqueles momentos em que estava no labor. Vendia-nos *pints* transbordando de cerveja como a qualquer outro freguês que permanecia horas nas filas do bar. Eu nunca via Ashley acabar sua jornada de trabalho, mas, no dia seguinte, ela acordava no apartamento de Patrick, situado em cima do *pub* em que eu trabalhava.

Despertava por volta do meio-dia, descia e chamava um tele-entrega de *English breakfast*. Enquanto aguardava pelo seu farto *brunch*, ela preparava um café preto e forte atrás do balcão, tomando-o ali mesmo, entre nós, os funcionários e os clientes. Acendia um cigarro após o outro e conversava com todos que estavam a sua volta. O café da manhã chegava e ela ia sentar-se a uma mesa sozinha, com sua caneca de café, um cinzeiro, sua carteira de cigarros de Marlboro e sua tele-entrega. Bendito o momento que ainda era permitido fumar dentro de bares!

Depois do *brunch*, ela subia para o apartamento do noivo e passava boas duas, três horas por lá, não sei fazendo o que. À tardinha, descia irritadiça com sua mochila nas costas e cabelos molhados para a estação de trem de *Kentish Town*, uma estação acima de *Candem Town*, a fim de pegar o trem para o seu trabalho. Essa era a rotina de Ashley durante a semana. No final de semana, entretanto, Ashley tinha programas mais frenéticos, menos responsáveis e mais interessantes.

Como eu tinha poucos anos menos que ela, tornamo-nos amigas. Julgo que ela me escolheu como "amiga", pois temia que Patrick fosse se encantar ou se envolver com uma das meninas do bar, então ela confiou-me a tarefa de contar-lhe algo, caso acontecesse. Logo após o início dessa ligeira amizade, começamos a sair juntas. Ela tinha outra amiga brasileira, a Cândice, que também veio a tornar-se conhecida minha, mas não amiga, devo informar. Saímos as três em uma noite de muito calor no verão Londrino. Supostamente, era para ser uma noite só de mulheres e não convidamos o Patrick ou o David, o outro proprietário, nem as outras meninas do bar, pois mal falavam inglês e Ashley não tinha paciência com a falta de habilidade linguística delas. Já a Cândice era tão fluente quanto eu e, assim, saímos as três.

Começamos em um *pub* underground em *Candem Town* à tardinha, com algumas *pints* de cerveja preta. O alvo era não encontrar conhecidos aos arredores. Depois de quatro *pints* cada uma, fomos a uma *rave* ao norte de Londres, daquelas a que somente os ingleses têm acesso e que nenhum turista jamais vai ter o prazer de conhecer. A festa era ligeiramente proibida, sobre a qual não havia publicidade nem convite impresso; havia apenas um fervilhado número de ingleses, uma grande quantidade de bebidas, aglomerados litros de água, um lugar underground e, claro, drogas. Muitas drogas. Êxtase, cocaína, ketamina, poppers e maconha, que em minha opinião momentânea, era a droga mais fraca que se podia usar.

Entrei na atmosfera estimulante da Ashley e da Cândice. Não porque sou de fácil influência (não sou!), mas porque sou friamente curiosa. Havia todos os tipos de drogas possíveis para experimentar, usar e abusar. Eu, bastante disciplinada, mas também arriscando provar todas as novidades ao meu alcance, fiz uso da famosa, na época, pílula do amor. Porém minha atitude novata, senão ingênua, não significou nada perto do que vi e ouvi. Entre muita gente e intensa dança, percebi que Ashley foi caminhar sozinha pelo ambiente extasiante e fiquei então dançando em frente a Cândice. Instantes depois, encontrei um amigo espanhol e ficamos dançando próximos um do outro.

Eu sacudia meu corpo como uma bandeira se mexe ao vento. A leveza dos meus músculos e ossos fazia com que eu estivesse tocando o teto do incendiário recinto. Bem, eu achava que estava tocando. As pessoas já não eram mais pessoas, eram anjos mefistofélicos voando por um céu farto de cores e tons. Eram tons, muitos tons, muitos tons de todas as cores, eram todos os tons de preto, poucos tons. A música penetrava no meu corpo e chegava ao meu sangue, sendo transportada do meu cérebro aos dedos do meu pé. E eu sentia isso! O sangue corria dentro das minhas veias ao tom da música. Eu sentia isso! A sola do meu sapato era o suporte mais macio que eu já havia pisado. A maciez da sola do meu sapato era algo que me chamava tanta atenção que eu não prestava atenção em mais nada, apenas na sola do meu sapato. O meu sapato era o único aspecto que importava. Nada mais era tão significante quanto a maciez da sola do meu sapato. Como a vida podia ser tão leve e gostosa? E macia. Macia! M-A-C-I-A.

O clima que parecia fascinante tornou-se um tanto carregado e um pavor tomou conta de mim. A Cândice então discordou de permanecer ali e foi manter-se sã, e eu fiquei movendo meu corpo com a música que delirava nas caixas de som, com meu amigo de Barcelona, o Jordi.

Longas e aproveitadas horas depois, perdida das escassas almas que eu conhecia naquele santuário subterrâneo, o efeito da pílula desaparecia, vagarosamente, em meu corpo, mas eu ainda me sentia aérea e repartia uma sensação fervorosa e um bocado deliciosa. Fui com o Jordi procurar Ashley e Cândice, quando ele inseriu o que estava faltando naquele delírio que me encantava: "Creo que sus amigas se besan en la boca". Eram elas ali. Sim, beijando-se na boca. Beijo de língua. Fiquei um tanto desconcertada, não sabendo bem o que fazer com aquela cena que, para mim, desvendava-se como uma surpresa.

Resolvi então tomar um ar e ir embora sozinha, pois pensei que ficariam constrangidas em eu saber sobre elas. Despedi-me de Jordi, quem ainda tomaria mais algumas pílulas e dançaria por horas ao longo do dia. Peguei o *night bus* para meu minúsculo apartamento, que eu dividia com amigas, e não soube mais das meninas durante aquele dia. No ônibus, comecei a refletir sobre toda aquela noite doida e alucinada que eu tinha vivido e comecei a indagar a mim mesma se elas formavam um casal. Não. Não seria possível. Ashley era deslumbrada pelo Patrick. Até que me ocorreu: se elas eram um casal, ou qualquer coisa desse gênero, e tinham me levado junto àquela festa bastante peculiar e um tanto particular, estariam elas tentando colocar-me entre as duas e fazer algo a três?

Encontrei com a Ashley na terça-feira seguinte, em meu trabalho. Ela não trocou um único comentário em relação à festa, como se não tivéssemos saído no sábado anterior. Seu sigilo ousado e sua cautela agitadora me despertaram ainda mais curiosidade. Passaram alguns dias e tudo se desenvolvia de forma muito corriqueira, todos de volta à sua rotina trivial. Ashley então veio despedir-se de mim, pois faria uma visita à mãe em Portugal, onde passaria algumas semanas. Foi assim que conheci sua irmã mais nova, Kim, já que ambas viajariam a Lisboa.

Passados quatro dias, eu estava trabalhando normalmente no *pub*, com uma noite serena como minha companheira. Tal tranquilidade foi quebrada quando Patrick surgiu com uma mulher. Bonita e muito bem arrumada, com o cabelo loiro volumoso e cacheado, usando botas de couro preto e salto altíssimo, calça justíssima também preta e um colete de pele marrom em cima de uma blusa cor creme que revelava seus fartos seios siliconados. A mulher e Patrick sentaram-se para tomar drinques em seu *pub*. O engraçado desse episódio é que ele, em instante algum, recomendou para eu ou para qualquer outro funcionário não comentarmos com a Ashley sobre tal encontro. A loira chamava-se Amanda e ambos ficaram naquela mesa por horas, bebendo, fumando, conversando, rindo, beijando-se, mesmo que discretamente, e agindo como se ela fosse a primeira-dama do bar.

Senti-me um tanto intrigada. Já tinha percebido que eles todos agiam de maneira contrária ao banal, ao menos para mim. Na mesma noite, o David, sócio do Patrick no *pub*, chegou com a Cândice e sentaram-se com o casal à mesma mesa. Conversaram, beberam, fumaram, riram. Cândice e Dave subiram poucas horas depois para o apartamento de Patrick. Intrigada já não era mais como eu me sentia. Sentia-me perturbada e um tanto violada por Ashley. A Cândice seria amiga ou amante de Ashley? O Dave estaria com a amiga ou a inimiga de Ashley? O Patrick apresentava outra mulher, que atuava como amante ou namorada? Aquela nova circunstância censurável pedia um punhado de observação da minha parte. A tal Amanda frequentou o bar por mais duas semanas, agindo como se fosse a Mrs. Patrick Chapman. Cândice não se manifestou e eu continuei minha vidinha rotineira, habitual e até pacata.

No mês seguinte, Ashley retornou. Estava mais quieta e incompreensível do que jamais estivera. Não fez comentários sobre a viagem, a mãe, ou a irmã, tampouco perguntas sobre o noivo, o *pub* ou Cândice. Na mesma noite, Ashley e Patrick passaram horas no apartamento dele, e eu lá embaixo, trabalhando. Em seguida, desceu o dono do bar, arrumado e muito perfumado, entregou-me a chave da porta principal do bar e pediu-me que o trancasse quando fosse embora, sendo eu a última a poder sair. Ashley prosseguia lá em cima.

O relógio batia aproximadamente duas horas da manhã – o *pub* tinha licença para fechar tarde – e a maioria dos fregueses já tinha partido, restando os mais fiéis. Eram duas horas e quarenta e cinco minutos da madrugada, o último casal retirou-se, e eu e Joe, outro funcionário, limpamos as mesas e o chão, apagamos as luzes e fechamos o bar. Como eu morava perto do bar, Joe fez a gentileza de caminhar comigo até minha porta e depois seguiria seu caminho.

Na manhã seguinte, eu não trabalharia, mas estaria escalada para a próxima noite, que era um domingo. Contudo aquele não foi um domingo comum. Quando eu cheguei ao *pub*, às cinco horas da tarde, vi um carro de imprensa, um punhado de repórteres na rua, pessoas tão curiosas como eu ao redor das portas e janelas, alguns carros de polícia e um vidro quebrado. Entrei, e a primeira pessoa que vi foi Patrick, que me puxou imediatamente pelo braço e me colocou atrás do balcão. Com o rosto cor de marfim, ordenou-me que não falasse nada, absolutamente nada ao pessoal que estava dentro ou fora de seu bar, e que eu deveria me calar, principalmente para o pessoal de um jornal local que lá se encontrava. "Ok", sussurrei a ele, começando a impacientar-me um pouco por não entender nada e sempre fazer parte de tudo.

Veio então uma repórter do tal jornal local de *Candem Town* e questionou-me sobre o acontecido da noite anterior. Eu, honestamente, não sabia de nada, até que vi um dos fregueses constantes do bar, e também policial, e perguntei-lhe se sabia o que acontecera. Ashley, evidentemente, era a resposta.

A Ashley usava todos os tipos de droga, acredito que inclusive heroína, eventualmente. Naquele sábado, ela, sozinha no apartamento do noivo, excedeu na dose, começou a alucinar, moveu-se para uma das janelas e enfeitou os arredores daquele segundo andar na *Patshull Road* com gritos altos de que havia serpentes dentro do prédio e que a devorariam. Como eu a havia trancado – jamais imaginei que Patrick tinha me dado a chave dela, deixando-a encarcerada no edifício –, ela não teria tido como sair e, devido à overdose que ela havia tomado, cheirado ou injetado, ela alucinou e não teve como desocupar o prédio, quebrando o vidro da janela do segundo andar na tentativa de um urgente escape. O escape acabou sendo sua cama. Sono pesado.

Uma culpa imensa ornamentou minha consciência. Apesar de não ter sido a responsável –consciente – por aquele ocorrido, pedi minha demissão no dia seguinte. Eu sabia que brandos temporais viriam em frente e resolvi deixar a cena do desastre. Demiti-me. Apesar de morar próximo ao bar, não voltei lá e tampouco passava na frente. Consegui outro emprego em um salão de cabeleireiro e de lá só saí quando voltei ao Brasil.

Entretanto, em uma fresca e agradável tarde da primavera londrina, eu estava fazendo piquenique com uns amigos no Hide Park, anos mais tarde, já na terceira vez em que morei em Londres, quando vi Cândice e Ashley, de braços entrelaçados, caminhando juntas e carregando uma cesta. Fingi não as ver, apesar da imensa ânsia de falar com elas e questionar todo o possível sobre aqueles acontecimentos estranhos que envolviam as duas, o Patrick, o David e a Amanda. Mas deixei assim. Restou, para minha imaginação, o que podia existir entre as duas, os três, os quatro ou os cinco. O único fato conhecido mais tarde foi que Patrick vendera o bar para um inglês e tinha regressado para a sua terra natal, Dublin, na Irlanda.

DANIELA

Aqueles que nos rodeiam, que nos nutrem, que nos amam, que nos sustentam, que nos fazem rir e que nos proporcionam prazer são não somente os entes mais próximos, mas também aqueles que nos julgam, criticam e opinam. Somos todos produtos de uma sociedade convencional, na qual vivemos suas convenções e os costumes de acordo com aquilo que sempre nos extermina: os outros, estejam eles remotos ou nas contiguidades.

Eu enfadei de transpassar pelos meus dias com a interminável preocupação do que as pessoas diriam ou pensariam de mim. Nunca tive uma relação amorosa tradicional, jamais tive um namorado no Brasil. Quando não se namora alguém e tampouco se apresenta alguma espécie de amor para a família ou para os amigos aos vinte e poucos anos de idade, o fato é considerado natural. No entanto, quando se beira os trinta anos e não há namorado ou parceiro na jogada, nossa sociedade fabulista começa a questionar o que há de transviado conosco.

Confesso que até eu me perguntei o que havia de errado comigo por muitos anos: enquanto todas as minhas amigas tinham dezenas de casinhos, ficantes, saintes, namorados e maridos, eu continuava sendo alvo da perversa sociedade. Meus tempos foram solteiros, mas não sozinhos. Tive um relacionamento com um advogado por mais de uma alongada década. Não chegou a ser sério, nem da minha parte, nem da parte dele, mas foi difuso. Eu fui – e ainda sou de vez em quando –, apaixonada por ele. Há momentos da minha vida que me dou a permissão de pensar nele, e tudo que sentia na época que estávamos "juntos" retorna.

Sérgio é um advogado bem-sucedido, dispõe de um salário que cativa qualquer mulher, biscate ou de valor. Sempre foi rodeado de vagabundas e umas nem tanto. Homem de poucos amigos, como o típico macho de signo leão, que tende a traí-los e não oferecer leal amizade. O motivo pelo qual nos relacionamos por tantos anos foi unicamente sexual e conveniência para ambos: ele teria uma mulher para satisfazê-lo sexualmente quando quisesse, bastava uma chamada no celular, e eu obteria um intenso, mas curto agito cheio de emoção, desde o momento em que via seu nome em meu celular, mas sem fortes ligações.

Sérgio foi duradouro em minha vida, porém não veio a formar o núcleo dela. Graduei-me em Arquitetura e fiz mestrado e doutorado sem intervalos. Aos vinte e nove anos de idade, eu já era doutora e aos trinta trabalhava em uma renomada universidade federal do Paraná. No segundo ano do doutorado, um professor sugeriu-me fazer parte dele no exterior e não procrastinei mais do que meio ano para eu já estar morando em Barcelona, assistindo a aulas na UBA. Foi durante meu doutorado no exterior que tive um namorado brasileiro chamado Martin, único que levou esse título comigo.

Martin havia se divorciado recentemente e tinha um filho de dois anos que morava em Campinas, com sua a ex-mulher. O casal foi residir na Espanha enquanto ele trabalhava em um projeto pouco fora de Barcelona. Sua ex-mulher, Luisa, viajara grávida e tivera o filho, Henrique, quatro meses após a chegada à sua nova moradia. Ela, de acordo com Martin, era uma mulher dificílima de conviver. Exigia todo o conforto possível que o exterior podia oferecer e gastava sua mesada em roupas, bolsas e sapatos. Não organizava absolutamente nenhum cômodo da casa e muito menos lavava uma louça. Contratara uma faxineira uma vez por semana que, para termos europeus, é interpretado como um ato quase pertencente à realeza. Martin dava-lhe uma mensalidade de dois mil euros por mês, com a qual ela deveria comprar suas roupas e acessórios, bem como pagar a moça da limpeza.

Luisa, um tanto já deprimida e aborrecida depois de meses sem ocupar-se na capital da Catalunha e com saudades da família e das amigas brasileiras, decidiu comprar uma passagem de volta ao Brasil e comunicou Martin com uma semana de antecedência. Demandou que o pai de Henrique assinasse uma permissão para que o filho viajasse sem a presença paterna e exigiu de Martin a volta definitiva a Campinas, caso o contrário, ela solicitaria o divórcio. Uma semana antes da viagem, lembremos. Martin, focado em sua carreira internacional, não cedeu às vontades da mulher e o divórcio veio a concretizar-se alguns meses depois.

Vinte e cinco dias depois do retorno de Luisa para o Brasil, Martin entrou na minha vida e eu na dele. Ele ainda se encontrava chocado com a decisão egoísta da ex-mulher, mas não queria permanecer casado com alguém capaz de ir embora e chantageá-lo para partir também. Senti uma imensa pena dele, mas também um carinho especial. Ficamos juntos numa gostosa noite de quinta-feira e, na semana seguinte, eu já estava dormindo em sua casa. Um mês mais tarde, eu era apresentada polidamente como sua namorada para colegas de trabalho em jantares de sua empresa.

Até que passaram os restantes quatro meses, e meu curso de pós--graduação chegou ao seu final, fato que determinou minha volta ao Brasil. Martin não se esforçou para eu permanecer, mas eu o entendia, afinal, ele era um homem ainda se divorciando e tinha um filho e uma vida um tanto complicada. Contudo, eu voltei ao Brasil e então comecei a sentir sua falta de tudo o que ele podia me proporcionar. Não me refiro a bens materiais, mas toda a relação de companhia de que um casal dispõe um com outro. Eu não queria mais viver sozinha, não queria não ter alguém que me levasse para jantar, que me trouxesse para casa, que me levasse para sua casa, que passasse o final de semana comigo. Eu não queria mais uma vida de solteira. Além disso, eu queria o Martin.

Consegui estender meu curso no exterior por mais três meses e, o melhor, com bolsa de estudos concedida. Não esqueçamos que estávamos em 2010. Bolsas de estudo eram comuns. Voltei a Barcelona quarenta e cinco dias mais tarde e pronta para dar continuidade à minha relação com Martin que, porém, não se mostrou muito entusiasmado com meu retorno e agiu de uma forma um tanto indiferente em relação a mim. Quando voltei à Espanha, eu não tinha onde morar, pois não tive dúvida de que moraríamos juntos em sua casa. Estava equivocada. Ele ofereceu-me sua casa até que eu encontrasse um quarto para alugar. Foi quando comecei a não entender nossa situação e comecei a desconfiar de seu sentimento por mim. Notei que nosso relacionamento não passaria daqueles meses em Barcelona e que ele não tomaria nenhuma medida séria por mim.

O que uma mulher faz quando suspeita de traição e sente-se desconfiada? Bisbilhota. Entrei em sua caixa de e-mails, cuja senha adivinhei na primeira tentativa – era o nome do filho, paspalho! – e vi tudo. Li sobre os últimos anos da vida de Martin, da pobre Luisa, que fora traída por ele e voltara ao Brasil por não aceitar suas infidelidades, do divórcio sofrido do casal e também das mulheres com quem ele havia traído a Luisa e a mim.

A começar pela Kelly, que tem nome de mulher vulgar e deve rir alto para chamar a atenção dos homens. Kelly, também de Campinas, era uma amiga da irmã de Martin e enviava fotos suas pousando com vestidos decotadíssimos. Eu cheguei a mostrar um e-mail para minhas amigas em que ela mandava uma fotografia dela em pé, com a mão na cintura, usando um vestido de cetim vermelho decotado, batom vermelho e um cabelo liso, loiro e oleoso. Poderia ser mais vulgar? Minhas amigas concordaram comigo, aquilo não podia ser somente amizade.

Teve também a Solange, que comprovou quão mau-caráter o Martin foi. A Solange era casada e trabalhava na mesma empresa de Martin, mas na sede de Campinas. Foi a Barcelona passar um mês a trabalho e Martin a convidou para ficar na sua própria residência. A traição se deu na casa dele, embaixo do mesmo teto em que dormia a mulher, o filho, e o mais infausto de todos, o marido da Solange, que fora acompanhá-la na tal viagem a negócios. Enquanto os ingênuos Luisa, Henrique e o marido de Solange dormiam, os nefários Martin e sua hóspede faziam-se crer que deveriam trabalhar durante a madrugada. Nessas alturas, eu já não acreditava que Luisa era tão dondoca como ele a descrevia.

Soube dessas histórias porque estavam lá os e-mails nas pastas chamadas Solange, Kelly, Luisa e a minha, Daniela. Quando eu tive o conhecimento de toda essa devassidão, vomitei por uma semana inteira. A percepção da traição é agonizante, à mente sobe uma ânsia de fazer com que aquela verdade seja somente um pesadelo do qual podemos despertar a qualquer momento e perceber que tudo era uma produção do nosso inconsciente. Além disso, eu não conseguia acreditar que eu havia feito esforços derradeiros para estar com aquele pérfido traidor num país que não era o meu.

E, finalmente, havia a pasta acima da minha, intitulada Carla, a "amiga" que o tinha acompanhado numa viagem a Sevilha enquanto estávamos namorando. Lembro-me vividamente quando Martin avisou-me que viajaria com um casal de amigos, mas que eu não deveria acompanhá-los porque eram íntimos amigos dele e de Luisa e, ainda, que a menina era confidente da ex-mulher, o que seria muito desagradável para ela e também para mim. Não dei a devida importância e entendi o seu pedido. Foi na sua pasta eletrônica que vi os e-mails dela para ele sobre o tal final de semana e que não havia nenhum casal, mas apenas Martin e Carla. Recordo-me também de ter lhe pedido para ver fotos do passeio ao sul da Espanha, mas ele alegou que havia esquecido o carregador da câmera fotográfica em casa e que não havia registrado nada. Naquele momento, acreditei.

Um fato foi levando ao próximo e intuí que tudo era possível em relação a Martin, Luisa e Henrique. O mau-caráter me fez acreditar que a ex-mulher era a responsável pelo divórcio deles, mas percebi que a absurda insensatez que eu pensava sobre a esbanjadora e, por que não, mimada Luisa, era história simulada por ele, que terminava a culpá-la pelo seu fracasso acompanhado da separação. Na mais raivosa semana da minha vida, em que li todos aqueles e-mails, eu já não morava na casa de Martin. Eu dividia um apartamento com uma espanhola de Valência, a Pilar. Encerrei qualquer contato com o *el diablo*, como o chamava Pilar, e retornei ao Brasil logo que minha bolsa de estudos terminou.

Passaram-se quatro anos de toda essa história na Espanha, eu agora completava doze anos de romance com Sérgio, o advogado, mas sem tê-lo jamais namorado. Eu já me aproximava dos trinta e dois e continuava com uma invejável carreira na universidade, com salário fixo e alto por anos pela frente, alunos que mantinham um admirável respeito por mim, um apartamento quitado, um carro que eu trocava a cada dois, três anos, quando parei para refletir sobre minha vida. Estava experimentando a completude profissional e financeira, mas algo ainda era carente.

Dei início à terapia e meu terapeuta auxiliou-me a digerir que não havia nada de errado comigo ou com minha vida pessoal. Fez-me entender que uns encontram suas metades, muitas vezes ainda na excitante década dos vinte anos, enquanto outros encontram um terço deles, mais tarde um quarto, quem sabe até um quinto e, ao longo de suas vidas partidas, fecham o ciclo, encontrando a última parte, como num gráfico de pizza. Achei divertido o exemplo da pizza e a minha se decompunha em uma fatia com o Martin, outra enorme seria destinada ao Sérgio, o advogado, que também não veio a se casar, mas havia um restante, uma lasca que não havia sido preenchida. Foi quando emergiu a resolução de completá-la, mas, dessa vez, não seria nenhum idiota que me delongaria por anos e não teria alento suficiente para assumir um compromisso comigo. Deixei de iludir a mim mesma com esses contos de fábulas em que toda a mocinha encontra sua cara-metade. Embuste, nem todas encontram.

Desacreditada plenamente em amor entre duas pessoas, o Humberto veio para preencher a parcela do meu gráfico. Meus trinta e três anos me alcançaram e eu estava mais saudável do que nunca, exercitando-me todos os dias, trabalhando bastante, mas sem exageros. Chegara a hora de fazer algo a mais daqueles meus anos de busca; foi quando comecei a pesquisar sobre inseminação artificial. Apaixonei-me pela ideia. Eu não esperaria encontrar a última fatia da minha pizza porque já a havia encontrado. Seu nome seria Humberto se fosse menino, Paloma se fosse menina.

O processo inicial não foi complexo. Bastava ter certeza da escolha e dinheiro para custear o banco de sêmen, o médico e o processo hospitalar. Dispendioso, certamente, foi. Depois de algumas consultas médicas, exames de rotina e alguns mais específicos, vitaminas pré-natal e diversas leituras sobre o assunto, consegui engravidar com minha primeira produção independente. É um procedimento bastante delicado, mas realizado nos melhores e mais avançados hospitais.

O início da minha gestação foi repleto de complexidades. As náuseas me acompanhavam em todos os momentos do dia, sendo as piores pela manhã. Eu vomitava copiosamente e não consegui nutrir meu bebê o suficiente para que ele se desenvolvesse. Fiquei muito fraca e anêmica e nem a mim consegui alimentar, aproximando-me de um estado quase anoréxico. Não tinha força para me levantar da cama e fui hospitalizada no segundo mês da gravidez artificial. O inevitável óbvio ocorreu: na sétima semana, havia um coraçãozinho parado dentro de meu útero.

Entrei em completa e profunda depressão, uma vez que aquele era o futuro escolhido por mim. Meu plano não tinha caminhado como eu havia planejado, e eu não era como as esposas que perdem seus fetos, mas podem tentar engravidar meses depois naturalmente. Eu dependia de um elevado número de exames, médicos, procedimentos hospitalares e de um punhado de dinheiro, afinal, não é um procedimento pouco custoso.

Empreguei mais uma pequena fortuna em terapia, contudo meu terapeuta incentivou-me e exortou-me a tentar mais uma vez. Cheguei ao ponto de escutar apenas o que ele proferia; minha família e minhas amigas não pareciam ter mais sentido nesse período. Mesclado com devaneios, o novato sonho de tornar-me uma mãe não evanesceu. Mais um ano se passou, e eu não podia esperar muito, pois, depois dos trinta e cinco anos, a gravidez começaria a ser considerada de risco e eu não suportaria, com base naquela primeira experiência, sustentar uma gestação desse porte.

Após numerosas sessões de reflexão e diálogo com Alberto, meu terapeuta, eu estava determinada a uma última tentativa de concepção pelo banco de esperma. A esperança ainda não me havia sido roubada. Exames, consultas e todo um preparo físico e emocional, eu finalmente engravidei. Apesar de não ter se distinguido muito da primeira, com vômitos, dores de cabeça, anemia e fraqueza, a minha segunda gravidez vingou! Uma vez que enfrentei o primeiro trimestre, os outros foram mais amenos e consegui manter uma boa alimentação para nutrir o Humberto.

Enxaquecas severas foram suportadas sem medicação, dores nas costas foram curadas com longas caminhadas e horas de natação, a anemia foi remediada com complemento de ferro e o que veio pela frente foi sendo resolvido da maneira que era possível. Além de toda a problemática física relacionada à minha saúde, não vou negar que foi difícil ir às consultas médicas sem ter um marido ao lado; frequentei aulas sobre o parto, o nascimento e a amamentação no hospital, acompanhada de minha irmã, enquanto todas as outras mulheres tinham seus parceiros as acompanhando. Tive que ler centenas de livros sozinha, sem poder dividir a tarefa com o pai e, finalmente, passei por todas as dores físicas e psicológicas da minha gestação e da recuperação da cesariana sem ter um marido para me confortar. No entanto, isso é um relato e não uma reclamação.

Minha gravidez estorvada não se encerra por aqui. No final do primeiro trimestre, período em que os médicos somente preocupavam-se em manter-me grávida, fiz os exames que indicam a probabilidade de doenças como a síndrome de Down ou algum tipo de retardamento. Para minha surpresa, depois de longas semanas aguardando a parte final do exame, o resultado deu positivo. Eu poderia estar grávida de um bebê com a tal síndrome. Os médicos, contudo, aconselharam-me a mantê-lo, pois existia a possibilidade de o resultado ter apresentado falso positivo e eu tinha a chance de ter uma criança saudável. O que eu não tinha era tempo para pensar sobre o assunto.

Meu especialista, apesar de ser consciente de que o aborto é considerado prática ilegal no Brasil, segredou-me que eu podia optar em retirar aquele feto com médicos altamente qualificados e nas melhores clínicas de nosso estado. Eu não dormi mais do que uma hora seguida a semana inteira, mal conseguia comer depois do resultado do exame. Não podia mais tratar desse assunto somente com meu psiquiatra, eu carecia de conversar com mais pessoas e obter diferentes opiniões.

Minha família, sabendo o quanto eu desejava aquele filho e que eu não teria mais condições físicas ou financeiras e até mesmo psicológicas para engravidar novamente, aconselhou-me a tê-lo. Minhas amigas dividiram-se: a vasta maioria sugeriu que eu devia proceder com a gestação, afinal, eu poderia ainda ter um filho saudável, mas algumas delas interpretaram a falta de um marido e pai da criança, a primeira gravidez interrompida e a segunda com chance de um bebê portador de síndrome de Down um sinal para eu parar de lutar contra o meu destino. Encararam os sinais como um alerta para eu encerrar aquela insanidade que não era para uma mulher solteira. Uma conhecida minha, um tanto religiosa, chegou a comentar que os problemas da gravidez eram um trabalho de Deus contra a concepção artificial e independente, e que mulheres deveriam casar-se primeiramente e depois fazer filhos, junto a um marido. Lá estava eu novamente como o alvo preferido da sociedade. Aquela sociedade formada pelos outros.

Eu sabia que já havia arrostado o pior com a perda da primeira gravidez. O máximo a acontecer agora era eu ter um filho que exigiria um pouco a mais da minha dedicação e do meu tempo. Decidi prosseguir com minha gravidez autônoma e ignorei qualquer comentário que ouvi durante o restante dos nove meses. Eu queria ser mãe e estava prestes a ser uma. Que importância teria se meu filho tivesse alguma restrição física ou mental? Eu encontrava-me pronta para dedicar-me a ele exclusivamente e o amaria incondicionalmente. Quando tomei a decisão, percebi que eu já mãe era, pois genitora alguma deixaria de amar um filho devido a uma imperfeição da natureza. E por falar em natureza, minha concepção foi artificial e talvez esse fosse o preço que eu teria que pagar por ir contra à concepção natural.

Chegada a hora da cesariana, minhas angústias multiplicaram-se para conhecer aquele bebê que tinha sido tão questionado por todos. O Humberto nasceu perfeitinho, uma graça de bebê e cheio de saúde, um pouco abaixo de peso, mas em questão de três semanas já estava com peso ideal. Era um bebê rosado, tranquilo e, o principal, amado. Quando olho para o Humberto, meu pensamento se enche de alegrias. Cada dia, quando ele balbucia uma palavra nova ou aprende um novo gesto, meu rosto se completa com um sorriso.

Agradeço a Deus todas as noites antes de dormir por Ele ter me dado esse presente tão lindo de ser mãe e também por ter me feito prosseguir com minha gravidez. Muitos pais teriam pensado duas vezes antes de ir adiante com um filho portador de alguma deficiência. A alegria de ser mãe não tem comparação com qualquer caso, namorado ou até mesmo marido. É uma felicidade absoluta e infinita.

Cada dia que acordo e olho para meu bebê e ele dá um sorriso ao me ver eu penso que ele vale muito a pena, que tudo que passei na minha gravidez fez valer! Meu gráfico pode até abrir um fragmento fininho para um passatempo no futuro, mas ela já se completou com o nascimento do Humberto. Não tenho mais nada a buscar, nem a contar!

JINYU

O que distingue os chineses e outros povos asiáticos dos povos ocidentais é, além de alguns costumes típicos e a aparência física, a fala. Não me refiro à língua deles, distinta obviamente, refiro-me de quanto eles falam ou, no caso de JinYu, de quanto não falam. O silêncio reina nos povos asiáticos. Não concluam que eles não usam suas vozes, pelo contrário, usam-na e usam-na alto. Quem vai a qualquer Chinatown do mundo pode observar que eles articulam tão alto que chegam a gritar. Há alguns dialetos do chinês que, quando usados, parecem soar uma discussão ou, até mesmo, uma briga. O silêncio que menciono não é a carência de tom de voz, mesmo porque o chinês é uma língua tonal, ou tampouco referente à frequência ou ao pulso, e, sim, o fato de esses povos sofrerem atrevimentos, abusos, agressões e até mesmo violência, sem nunca expor tais horrores às autoridades.

Conheci JinYu na instituição em que eu trabalho, conhecida como 'aldeia'. Nossa aldeia é de médio-porte e trabalha para trazer órfãos asiáticos aos Estados Unidos a fim de serem adotados por famílias americanas. O processo para trazê-los é extenso, bem como os procedimentos da adoção, que envolvem diversas etapas, desde conhecer os pais e investigá-los até a execução de toda a burocracia americana. O problema é que há falhas no decorrer do processo, tanto na etapa de investigar os pais como na etapa de documentação. Sempre há. Sempre houve. Quem paga por essas falhas? Geralmente, a criança.

JinYu foi trazida da China quando tinha oito anos e meio. Era uma linda criancinha, quieta, e não ousava olhar nos olhos de ninguém mais alto ou mais velho do que ela. Usava duas chiquinhas em seus cabelinhos pretos e uma franjinha que atrapalhava seus olhinhos orientais. Parecia ter cacoetes de piscar os olhos, mas era simplesmente falta de cuidado com o comprimento de sua franja. Crianças deixadas para a adoção nem sempre recebem a atenção que merecem. JinYu falava muito pouco, comia menos ainda.

Não é concedida informação sobre os pais biológicos das crianças às aldeias. Não nos dão nada além de crianças para encontrarmos uma família que cuide bem delas. Ou ao menos cuide. O cuidado direcionado a JinYu e à família que a adotou foi escasso. Os funcionários responsáveis pela averiguação da família adotiva sofrem uma grande pressão para que o processo seja bem realizado e que seja rápido. Ora, sabemos que onde há pressa, pode haver erros. Geralmente há. E não foi diferente com JinYu. O resultado de responsáveis apressados foi pais adotivos para a pequena garotinha chinesa, mas se foram bons pais para ela, a história é outra.

JinYu foi trazida da China e, em menos de quatro meses, já morava em seu novo lar. O momento em que um agente de adoção entrega uma criança órfã para uma família feliz é um momento estupendo, gratificante, completório. O sentimento de entregar uma criança órfã para uma família abusiva é arrependimento, impotência e um agonizante fracasso. É assim que me sinto em relação a JinYu, mesmo tendo pouca participação na investigação da família dela.

O casal Campbell mostrou-se primoroso, pais jovens que não conseguiam conceber filhos próprios. O problema parecia estar relacionado à incrédula Julianne, que abortara naturalmente de quatro fetos. Como é sugerido esperar aproximadamente entre dez e doze meses até a próxima tentativa, os imaturos pais estavam apreensivos com a situação e decidiram partir para a adoção depois de quatro anos na tentativa. Os sinais indicavam um casal perfeito: pais de trinta e seis e trinta e nove anos, ainda jovens, porém profissionalmente maduros e ansiosos para ter um filho.

Julianne era uma americana com cabelos lisos e castanhos pelo ombro, olhos também castanhos e pele rosada. Trabalhava como gerente em uma loja de móveis e decoração. Joel também era americano, com pais canadenses. Tinha o porte grande, era alto, moreno e com afeições de um cachorro triste e pidão. Era o guarda de segurança em uma escola pública em Detroit, onde moravam. Um segredinho do casal: não houve nenhuma indicação de problemas relacionados com a fertilidade de ambas as partes ou dificuldade na concepção. Na época da adoção, achávamos que era psicológica a questão, como ocorre com muitos casais: assim que adotam, engravidam.

Terminada a averiguação sobre os pais candidatos, é procedida a adoção em si. Uma vez que a documentação esteja toda aprovada, assinada e pagamento realizado, a criança é concedida aos pais adotivos. Parece brando o processo, mas não é. Ainda há lista de espera, que pode durar anos. No caso dos Campbell, levou apenas quatro meses.

JinYu foi trazida de seu país, permaneceu na aldeia por poucos meses e foi levada à sua nova casa em um bairro afastado no sul de Detroit. As visitas realizadas pelos assistentes sociais da aldeia são bastante constantes no primeiro ano da adoção. No segundo ano, são reduzidas a uma vez a cada seis meses e, depois do segundo ano, uma vez a cada doze meses. São rápidas, podem durar, no máximo, quinze, trinta minutos. JinYu parecia ter tirado a sorte grande quando foi adotada por Julianne e Joel. Impressão errada a minha. Nunca foi espancada ou violentada fisicamente. Seu abuso foi quanto à vida doméstica.

No rigoroso inverno, a chinesinha de agora nove anos ajudava o pai a remover a neve da frente da casa e na *drive way*. No inverno seguinte, já o fazia sozinha. Todas as manhãs, antes de ir para a escola onde estudava e o pai trabalhava, JinYu levantava com seus fracos bracinhos a gigantesca pá de neve e retirava aquilo que para uns tende a ser um sonho inteiramente branco. Para a limpadora da calçada, a neve tinha outro significado, o de fazer extrema força e suportar aquele frio seco que racha e corta a pele das mãos e do rosto, por aproximadamente quatro longos meses.

Ao retornar da escola às três e meia da tarde, sua rotina incluía um ligeiro lanche e seus deveres de casa. Inteligente como um gênio nanico, a chinesinha não utilizava nem mesmo uma hora para completar seus exercícios. Às quatro e meia da tarde, sua mãe pedia ajuda para limpar e arrumar a casa. Quando JinYu já tinha toda a experiência com os afazeres domésticos, sua mãe lhe mandava fazê-los sozinha enquanto ela surfava na internet ou assistia a um programa na televisão. O pai não estava presente nesses momentos, pois depois da escola em que trabalhava, Joel nem para casa ia, seu rumo era um bar onde tomaria cerveja até a hora do jantar.

Uma vez por semana, a ágil e prestativa menina aspirava o carpete do segundo andar, onde se localizavam os três quartos. O aspirador era um pouco menor do que a sua pequena estatura, porém devia pesar o mesmo que a magricela filha adotiva. Limpava os vidros das janelas também semanalmente, pois tinha a flexibilidade de uma trapezista. O banheiro era limpo dia sim, dia não, com produtos químicos de pouca qualidade. Terminado o andar de cima, JinYu descia para sala, onde sua mãe adotiva tinha a atenção presa àquela tela de computador. Limpava o chão laminado e tirava o pó das estantes, não nessa ordem. Quando terminava a sala, JinYu ia para a cozinha. Nos dias em que não precisava limpar a casa, Julianne lhe explicava minuciosamente como preparar vegetais, carnes e outros pratos, o que levou alguns meses. A experiente e infantil cozinheira fazia mais do que apenas cozinhar.

Descascava batatas e cenouras, preparava peixe e frango. Picava cebolas, tomates, abobrinhas e berinjela. Lavava maçãs, alfaces, couves-flores e brócolis. E também lavava a louça, toda a louça, não entendendo o motivo, já que havia uma lavadora de louças em perfeita condição ao lado da pia. Esse era o agitado cotidiano de JinYu. Acordar cedo, arrumar-se para a escola, arrumar a mochila, descer para tomar seu cereal, pegar a pá, retirar a neve, encarar o frio, ter as mãos rachadas, pegar uma carona do pai para a escola, assistir às aulas, ir para o primeiro intervalo, almoçar com as colegas, curtir o momento quando podia ser criança, rir, contar piadas, ouvir piadas, ser chamada à atenção por rir tão alto, brincar de bater com as mãos das colegas, sentir dor de bater os cortes causados pelo gelado e malvado inverno em Michigan e não dar importância, voltar para aula, receber elogios da professora por sua astúcia e presteza em responder às perguntas, por saber calcular os números em matemática, por ler tão bem em inglês mesmo sendo sua segunda língua, voltar para casa, fazer os temas... e sua vida adulta recomeçava.

As quintas-feiras eram um pouco diferentes. A humilde asiática passava a roupa da família e as camisas do uniforme do pai. Um incidente em uma tarde de primavera: o ferro de passar roupa caiu em seus finos pés, deixando uma queimadura permanente. As sextas-feiras eram bastante diferentes. JinYu podia brincar. Não havia nenhum trabalho doméstico. Horas em seu quarto, brincava sozinha com suas bonecas, papeis e lápis de cor. Julianne não a permitia frequentar a casa de vizinhos ou até mesmo de colegas. Estaria mais segura em sua própria casa. Para JinYu, a vida era essa.

A vida foi essa durante todos os anos escolares, inclusive o ensino médio. Ela não sabia que podia ser diferente disso. Até que casou.

Quando JinYu completou dezessete anos, começou a namorar um americano-mexicano chamado Alano. Nunca murmurou nada sobre seu habitual dia a dia, pois, para a jovenzinha dos olhinhos puxados, não havia nada de errado em "ajudar" a mãe com as tarefas de casa. Mas o tempo mostrou ao garoto o tratamento que a família adotiva havia dado a JinYu. Alano, nada estúpido, não tentou convencer a namorada de que seus pais eram abusivos. Ele sabia que ela os defenderia, afirmaria que eles a amavam e adotaram-na, retirando-a do status de pobre criança órfã. JinYu sentia, em seu inocente e genuíno coração, um imenso amor pelos pais, além de gratidão e respeito.

Alano, por amar tanto sua *high school sweetheart,* namorou-lhe por dois anos e, no dia em que JinYu completou dezenove anos, propôs-lhe casamento. Casaram-se no outono seguinte. O garoto era dois anos mais velho do que JinYu e cuidava do restaurante mexicano da família juntamente com seu pai. Era um rapaz esforçado, honesto, maduro e, o mais importante, amava sua recém-casada esposa.

Em sua nova moradia, JinYu não era permitida limpar, somente cozinhar. Alano contratara uma faxineira equatoriana uma vez por semana, pois assim o casal teria a casa constantemente limpa e arrumada e JinYu poderia frequentar a universidade e dedicar-se exclusivamente aos seus estudos. A perspicaz asiática formou-se em Letras, com mérito em inglês e chinês, e ainda aprendeu espanhol com auxílio de Alano. O marido também ajudava em todas as refeições, não permitindo nunca que a ingênua esposa preparasse uma refeição sequer sozinha. Era ele quem lavava a louça, mas se houvesse muitas panelas utilizadas para uma refeição, a lavadora de pratos seria decerto ligada.

E foi em poucos meses de casada que JinYu percebeu que fora abusada na casa dos Campbell. Não houve agressões físicas, não houve brigas, não houve discussões; simplesmente uma infância interrompida, partida pela metade. Para alguns, principalmente para os povos orientais, trabalhar desde cedo com a família parece ser algo trivial. Para uma família americana, o ato pode resultar em punição. Quando JinYu soube que seus pais adotivos, agora quatro anos mais velhos, estavam tentando adotar outra menina, vinda do Vietnam, ela me contatou. Relatou-me tudo, desde as geladas manhãs junto à neve fria até as longas tardes limpando, cozinhando e passando roupa. Seus pais adotivos trataram-na como uma mera serviçal, o que faz com que muitos pais e também maridos escolham as asiáticas. Os chineses não dividem suas dores. O silêncio impera essa cultura.

Intervim e tomei as providências necessárias para que a nova adoção do casal Campbell não fosse permitida e não sucedesse, mas nada pude fazer em relação à JinYu e seus pais. Ela somente me confidenciou sobre seu passado na casa dos Campbell com a condição de que eu não tomaria nenhuma atitude contra eles, fazendo-me jurar que nada lhes aconteceria. Continuou os visitando aos finais de semana e sempre prestava ajuda quando os pais adotivos precisavam.

A PROSTITUTA PORTUGUESA

Ontem fui jantar na casa da Kristin, uma colega que acabara de chegar da Espanha, para saber de suas peripécias na viagem. Ela fora participar de um programa voluntário de apoio a *outcasts* em uma cidadezinha próxima a Madrid por quatro semanas. Para quem não é familiarizado com o termo, *outcast* significa pessoa rejeitada pela sociedade. Kristin foi trabalhar em uma casa que abriga aproximadamente trinta pessoas com problemas como portadores de AIDS, vítimas de violência e abuso doméstico e usuários de drogas. Entre os residentes da casa de apoio, havia o aidético marroquino detido pela polícia espanhola transportando drogas para a Espanha. O africano foi preso ainda no porto de Málaga e levado a um presídio na mesma cidade. Examinado por médicos devido à sua aparência degradante, foi detectado ser portador de AIDS. Ofereceram-lhe exílio na tal casa a permanecer na prisão, esperando por sua morte e sendo vítima de estupros, podendo, sob essa ocasião, espalhar a fatal doença entre os presidiários.

Havia também a Susana, mãe de um bebê de sete meses e fugitiva do marido brutalmente violento. O esposo fora obrigado a usar uma pulseira que dispararia um alarme em caso de aproximação à Susana, ordem dada pelo juiz, quando a mulher do abusivo cônjuge o denunciou à polícia e o colocou na justiça. Como o máximo que a lei permitiu foi uma distância de duzentos metros, Susana preferiu proteger a si e ao seu bebê no abrigo para os rejeitados. Havia outros, como José Luís, um homem gay que fora constantemente espancado pelo ex-namorado doentio; Lusía, a adolescente viciada em cocaína ignorada pela mãe; Juan Pablo, o idoso cego abandonado tanto pela família quanto pela sociedade, entre outros. No entanto, a prostituta vinda de Portugal tornou-se minha personagem preferida. Vou chamá-la de Maria Fernanda.

Maria Fernanda era nativa de Lisboa e filha de pai e mãe comerciantes. Seus pais tinham uma pequena venda de alimentos, um mercadinho, para ser mais precisa. Frequentado sempre pelos meses fregueses, a prática de vender fiado era comum no mercado do Carlitos, pai da inocente e jovem Maria Fernanda. Anos cobrando os compradores, recebia pouquíssimo de cada compra, pois tinha um coração bondoso, para não chamá-lo de fraco. A falência veio acompanhá-lo em poucos anos.

O pai não estirou para morrer de tanto beber após a quebra e incapacidade de sustentar a esposa e a filha. Os alongados anos acompanhados por venerados cigarros que deixaram seus pulmões puídos também contribuíram para a tal morte infeliz. A mãe, necessitada de sustentar a filha de treze anos, voltou-se para o meio da prostituição. Não restou alternativa para uma viúva de trinta e nove anos, sem estudos e repleta de dívidas para pagar do marido falecido. Um detalhe imoral: a mãe era tão bela quanto a filha, fato dado pela fotografia que Maria Fernanda mantinha em sua cabeceira, segundo minha amiga Kristin.

Ambas tinham cabelos longos, negros, lisos e muito brilhosos, lábios carnudos e bem desenhados e seios naturais, mas muito fartos e sempre levantados dentro dos decotes lascivos que elas exibiam. Maria Fernanda tentou terminar seus estudos básicos e o fez. Acabado o ensino médio, aos dezessete anos e, até então pura, a menina portuguesa decidiu que queria trabalhar e ajudar a mãe. Conseguiu um emprego de caixa numa lanchonete, o que não lhe rendeu nem a comida do almoço e, em breves meses, trabalhava em um bar noturno. A transição do bar noturno para boate de *strip-tease* foi repentina, ligeira e bastante acessível com toda aquela beleza. A passagem de dançarina para a prostituição também foi breve e suave como uma fração de minutos.

(Uma verdade que todos nós conhecemos: o dinheiro sempre fala mais alto. Uma verdade que nem todos nós conhecemos: quando o dinheiro é para uma questão de sobrevivência e não de luxo, agarra-se a ele e à oportunidade que o trouxe e não os se deixa transcorrerem das mãos).

Maria Fernanda dividiu muitas de suas intimidades com Kristin, que falava português, entre outras línguas. Contou-lhe sobre os diversos casos que mantivera com seus clientes, muitas vezes, homens casados que não mantinham uma vida sexual ativa ou satisfatória nos seus matrimônios. Ela dizia que esses eram os melhores, já que pagavam facilmente – eram sempre homens endinheirados – e não queriam envolvimento com ela ou demonstrariam qualquer tipo de ciúmes.

Maria Fernanda dizia que uma prostituta profissional via o sexo como um simples objeto de trabalho, em que não há romance, intimidade ou carinho. É algo mecânico, uma tarefa que se conduz como ir ao supermercado: você vai ao local, exerce a função, há uma permuta de dinheiro no final da transação e você não vê a hora de sair de lá para poder voltar para casa. Não existe a possibilidade de você querer cultivar um produto comprado no mercado por muito tempo, eles são inteiramente passageiros. Você o consome no mesmo dia ou no próximo, sabendo que deverá ir à busca de mais logo nos dias seguintes ou, no máximo, numa próxima semana. Assim são os clientes de uma prostituta: são momentâneos e efêmeros.

Maria Fernanda tratava seus clientes da mesma maneira que tratava um produto do supermercado, como o leite, por exemplo. Ninguém desenvolve um sentimento apenas pelo leite. Há de ter um chocolate em pó ou uma mistura de café para dar graça. Ela é quem tinha graça. Era impessoal, bonita e boa na cama. Própria para uma diversão aventureira. Os homens a adoravam, ela era fácil de apaixonar-se. Até que se misturou o chocolate no copo de leite. Foi um músico que tocava em bares noturnos na noite lisboeta.

Conheceram-se depois de uma noite fraca na boate de *strip-tease* em que ela e suas colegas trocaram o ambiente e os clientes familiares por um novo clima: um bar pequeno, onde havia somente um balcão repleto de bancos de couro de cor mostarda, quatro mesinhas e um palco minúsculo. Sem pista de dança, as pessoas balançavam seus corpos ao som do jazz tocado pelo artista boêmio e seus dois parceiros. Ela o amou ali, naquela hora, com seu saxofone. Ele a amou naquele momento em que o músico, ao passar os olhos por seus espectadores, vê um que se destaca. Era a morena de olhos escuros e lábios carnudos. Um rosto maduro que lhe entregava. O romance veio para fazer valer.

Num sentimento de paixão amontoado com ciúmes, o manhoso tocador de jazz propôs à prostituta portuguesa para unirem seus pertences. Ele conhecia a verdade dela e quem era ele para julgá-la? Sua profissão era a maneira cabível de sustentar-se ao passo que a vida não fora digna com todos os pobres mortais de uma forma igual. Estavam prontos para dar o passo adiante na sua relação, em que Maria Fernanda iria mudar-se para o pequeno apartamento de quarto e sala do saxofonista, e o seu colega de quarto – que mais estava para colega de sala – moraria em outro apartamento. Os planos: ter uma vida mais decente, menos alcoólica, menos boêmia e mais diurna. Não foi assim que aconteceu, entretanto.

Ela mudou-se para o apartamento bagunçado do músico. Continuou trabalhando na boate enquanto ele tocava em bares. Viam-se depois do trabalho e voltavam para casa juntos. Adormeciam no mesmo instante em que entravam em casa. Acordavam com raios do sol alto vibrando pelas frestas das janelas envelhecidas nos subúrbios de Lisboa, passavam um café forte na minúscula cozinha e se amavam naquele colchão encostado no chão da sala. Até que Maria Fernanda começou a vomitar, sentir-se tonta e fraca. Estaria a prostituta lusitana grávida do músico chorão?

Na semana seguinte, a morena lisboeta foi consultar um médico no hospital. Entre os exames solicitados, estava lá o fatal: HIV positivo. Teria adquirido do tocador de jazz? Teria contraído a horrível doença que mata aos poucos e corrói o corpo inteiro de um cliente na boate? Indiferente da fonte, ela teria que revelar ao seu parceiro fiel. Não fora o apaixonado e manhoso artista boêmio que lhe havia transmitido a doença, pois ele também se submetera ao teste. Dera negativo. Ele a deixou. Mais precisamente, ele fez com que ela o deixasse ainda naquele mesmo dia. Naquela noite, ela vagou pelos subúrbios de Lisboa dentro de um confortável ônibus ao lado de uma grande sacola com suas roupas e poucos pertences. Sentada no assento próximo à janela, admirava como uma chuva e uma noite podiam ser tão belas e a vida tão feiamente espantosa. Ao seu lado, viajava o embaraço, à sua frente, a tristeza e o desamparo, e atrás, o amor.

Ela abandonou sua melancólica pátria, partindo para a Espanha, com a remanescente vergonha de sua condição delicada e precária e raiva da vida que lhe havia sido imposta. Na partida, soube da casa de apoio aos *outcasts* e para lá se foi. Reside no abrigo há um ano e meio e tem mais alguns anos de vida, pelos quais poderá contar suas histórias fascinantes para outros que por lá passarão.

MAMÃE E EU

    Na primavera de 1940, meus pais uniram seu amor sob os olhos do Nosso Senhor, no interior do estado de Maryland, numa cidadezinha chamada Chesapeake City. Um ano mais tarde, eu vim ao mundo. Em meados de 1942, meu pai foi convocado para prestar seus serviços militares junto à tropa de um general chamado Charles Byers, atravessando o oceano para chegar ao que conhecemos como a Segunda Guerra Mundial. Devido à sua longa estadia com os soldados americanos, papai e mamãe prometeram-se escrever cartas semanalmente para que soubessem notícias um do outro e, desse modo, mamãe poderia informar papai de como sua filha estaria crescendo robusta e risonha. Tais cartas serviriam também como uma forma de ambos expressarem seu cordial amor, que fora interrompido pelos tempos de guerra.

    Mamãe contou-me que não houve uma manhã em que ela não estivesse em frente à porta ou na varanda, quando o clima permitia, esperando o nosso carteiro, às oito horas da manhã, para receber os envelopes de papai. Quando tinha sorte, muito raramente, recebia um pequeno presentinho. No entanto, no inverno de 1944, mamãe parou de recebê-las. Eu era muito pequena para poder dar uma avaliação daquela situação, mas, conhecendo minha mãe, ela deve ter atravessado noites e noites aflitamente despertada, até o momento em que chegou a trágica notícia da morte de seu marido, acompanhada de dois oficiais americanos. Após esse dia, sua angústia transformou-se em desgosto, mas mamãe nunca me deixou compartilhar desses sentimentos.

    A admiração e o amor que tenho por minha mãe não podem ser expressos numa mera história de poucas páginas. Foram anos e anos em que minha querida mamãe preencheu o papel de mãe e também de pai. Em período algum da minha vida, ela permitiu eu sentir falta da figura de meu pai. Recordo-me com leviandade de quando eu ainda era aluna do jardim de infância, e minha mãe chegou à escola e bateu na porta de minha sala de aula. Eu, esperançosamente, julguei que aquele ato extraordinário noticiava o retorno de meu desconhecido pai. Mal sabia eu que a guerra havia terminado naquele ano e tal ação era inexecutável.

Frente à minha turma, estava ela, esperando minha professora, a magricela Senhora McLure, entregar-lhe com suas mãos miúdas meu nécessaire na hora do almoço. Estranhei porque eu estava sendo retirada da escola no meio do dia, uma vez que nunca fora para casa mais cedo antes desse fabuloso momento. O almoço era realizado todos os dias na escolinha, com a presença da Senhora McLure, dos meus colegas de classe e de uma assistente que não posso vir a lembrar nem o nome nem a aparência. No caminho para casa, eu tentava disfarçar minha curiosidade chutando pedrinhas ao mesmo tempo em que caminhava. Quando chegamos à nossa sala de jantar, havia um lindo bolo enfeitado com glacê lilás e amarelo e uma velinha com o número quatro para eu apagar. Foi nesse dia que entendi a concepção de um aniversário.

Minha mãe fazia questão de que, mesmo com o orçamento limitado em que vivíamos, eu recebesse o que outras crianças também possuíam. Granjeávamos uma pensão mensal de meu pai, mas não era nenhuma extravagância na época. Quando eu iniciei a primeira série, fomos eu e mamãe comprar um caderno para que eu começasse o tão aguardado ato de escrever. Naquele ano, deveríamos estar passando por alguma restrição financeira, pois mamãe comprou meu material escolar em uma cooperativa para carentes.

Retornando à nossa casa, ela sentou-se comigo na mesa de jantar, e começamos a encapar o meu caderno com um papel cheio de corações coloridos para que a capa ficasse enfeitada. Após o papel dos corações, ela cobriu o caderno com um papel plástico para que durasse durante todo o ano letivo. Lembro-me que percebi umas bolhas de ar entre os dois papéis e não dei importância, mas ela queria que o meu primeiro caderno fosse perfeito e vi em seus olhos e suas bochechas a cor de decepção devido às bolhas de ar.

Mamãe era tão criativa e espetacular que em um Natal – provavelmente também estávamos com o orçamento adstrito – ela prometera que nossa árvore seria especial. Decoramos o pinheirinho da frente de nossa casa com bolas que nós mesmas fizemos do papel pardo em que ela trazia o pão todos os dias, pintado de vermelho e verde. A fim de dar um toque especial natalino, ela comprara umas pecinhas brilhosas para colarmos nas bolas pardas, que brilhariam ao lado de fora. Mamãe garantira que teríamos neve naquele ano, na manhã de Natal, e ela não estava errada. Vestimos os casacos e as luvas mais quentes que tínhamos em nossos armários e fomos ver a neve cair junto à nossa árvore na manhã do dia vinte e cinco de dezembro de 1949.

Mamãe ajudou-me a construir um boneco de neve e afirmou-me que quando terminássemos, ela teria um presente para mim. Depois de duas colossais bolas de neve, uma em cima da outra, três pedaços de galhos secos para formar a face e uma bolinha que encontramos na rua para fazer de nariz, minha mãe entregou-me o meu presente. Era um cachecol e uma toca de lã, ambos cor-de-rosa fúcsia, para que eu vestisse o boneco naquele Natal, mas deveriam ser recolhidos à noite, para que eu os usasse. Meu boneco então virou uma boneca de neve e demos-lhe um nome, Lily.

Minha infância foi preenchida com momentos especiais como esses, em que mamãe arquitetava planos minuciosamente geniais para completar a ausência de meu pai. Minha adolescência não foi diferente. Em um rigoroso inverno em Maryland, eu adoeci seriamente e precisei permanecer dias de cama até me recuperar de uma pneumonia. Não estando apta a ir para a escola por quase duas semanas, o tédio começou a atormentar-me. Minha querida mãe, cansada de ver-me enfadada, preparou-me uma surpresa um dia após seu trabalho na padaria. Ela tomou um ônibus até uma cidade perto da nossa, Middletown, onde havia um famoso hambúrguer que eu adorava, em uma conhecida lanchonete que íamos aos finais de semana. Mamãe trouxe-me o lanche para que eu mostrasse um pouco de ânimo. Ela sabia, assim como eu, que o sanduíche e as batatas fritas estariam frios, mas essa era a menor das minhas preocupações naquele ensejo tão próspero.

Quando concluí a escola, eu aguardava pelo evento mais esperado do ano letivo, o famoso *prom*, o baile de formatura. Já tínhamos um pouco mais de recursos nessa época, e a pensão de papai havia acrescido. Eu mostrava-me deslumbrada por um vestido que havia visto meses antes, mas não tinha tido a coragem de pedir para mamãe, pois custava em torno de dez refeições, das mais completas. Quando mamãe mencionou que era tempo de encontrarmos um vestido para minha formatura que se aproximava, chamou-me ao seu quarto e entregou-me uma linda e chique caixa de papel com listras beges e marrons. Na tampa, estava escrito em dourado o nome da loja em que eu vira o tal vestido. Havia também um lindo laço de cetim, cor dourada também. Não podia acreditar que minha tão maravilhosa mãe havia comprado o vestido para mim. E lá estava ele, impecavelmente dobrado dentro daquela caixa que me traria tantas alegrias, junto a iluminantes brincos e um colar que ela havia comprado para combinar com o vestido. Choramos as duas. Era muita felicidade naquelas lágrimas.

Anos mais tarde, casei-me e tive duas meninas. Annabelle e Charlotte desenvolveram um amor desenfreado por minha mãe, assim como eu. Elas veneravam a avó exuberantemente e não tinham timidez em demonstrar. Foi uma tormenta de pesadas lágrimas quando mamãe faleceu, e quando as meninas, quase adolescentes, aprenderam o significado de amar alguém que preenchera a minha vida de uma maneira tão singular e carinhosa. Minha família sabe o quanto minha mãe esforçou-se para completar a lacuna da minha vida, que foi aberta no meu tão jovem segundo ano de vida, fazendo com que uma menininha órfã de pai não percebesse que algo estava lhe faltando. Eu tenho um imenso amor por minhas filhas, amo os netos que elas me deram, amo meu marido já falecido, mas nenhum deles terá jamais o sentido que minha lutadora mãe tem para mim. Eu a amarei sempre e devo tudo o que sou a ela. Obrigada sempre, mamãe. Que Deus a tenha.

ALICE E STEPHEN

Stephen é produto de uma união contraditória entre um pai francês e uma mãe inglesa. Viveu sua infância e adolescência em Bournemouth, no sul da Inglaterra, com a mãe, visitando o pai com pouca frequência em Lion, na França. Cursou Administração e Marketing em Paris, aproximando-se de um pai, até então, ausente e, por que não, um desconhecido familiar. Depois de um mestrado também cursado na França, em uma renomada escola de negócios, voltou à Inglaterra, onde foi contratado por uma afamada empresa local.

Veio para a América do Sul a trabalho, iniciando sua carreira aqui no Brasil como gerente de marketing da filial da empresa em São Paulo. Teve um romance conturbado e polêmico com uma funcionária da empresa, a Alice. Acabou se casando com a ela. Tiveram dois filhos e mudaram-se para a Itália, onde ele hoje é o CEO geral da filial italiana. Grande passo para o Stephen, de gerente para CEO. O traidor sempre foi um saliente executivo, destacava-se espantosamente entre os outros, sempre colocando seu trabalho em frente a tudo e a todos. Não foi à toa que encontrou uma mulher no seu trabalho para se casar.

A cadela da Alice alcançou a vida que muitas mulheres almejam. Um marido bem-sucedido na profissão combinado com um salário ilustre, dois filhos bonitos e saudáveis que falam três línguas, francês, português e inglês. Quanto ao italiano, colocá-los em uma escola que empregasse o italiano como língua de instrução seria um desperdício para as crianças que ficariam na Itália por somente dois anos. Assim, os dois mimados foram estudar em uma escola internacional, onde o inglês e o francês predominavam. Após esse período, voltariam para a Inglaterra, base de trabalho de Stephen.

Alice e Stephen eram afortunados, residiam em um apartamento com três quartos, sala de jantar, sala de estar e terraço, padrão que, para a Itália, estava bom e por que não, alto. Eu sentia uma imensa inveja dela, ou dele, não sei ao certo. Talvez do papel dela com ele, ou dos dois juntos. Talvez do casal. Droga! Eu sempre amei e me dediquei completamente ao Stephen e ele me trocou por uma funcionária, sem nenhum diploma universitário! O pouco que ela sabe fazer é digitar rápido, atender ao telefone e falar inglês. E deve ser um inglês pobre e fajuto. A Alice, que sempre me mantinha informada sobre os horários dele, que me telefonava constantemente para passar recados enquanto ele estava em reunião. A Alice. Até hoje, não entendo. Ou entendo. Às vezes, quando reflito sobre nossa história do início ao fim, penso que a razão pela qual ele me deixou foi porque eu esperaria muito para ter nossos filhos.

Casamos quando eu tinha vinte e nove e ele, trinta e seis. Conhecemos um ao outro em um aniversário de uma colega dele, a Tagiane. A Tagi tinha uma boa posição na empresa, era gerente operacional e trabalhava diretamente com o Stephen. Provavelmente, ele teve um caso com ela também. Conheci a Tagi em um chá de fraldas aqui em São Paulo. Éramos as únicas que não tínhamos filhos no tal evento e, assim, mantínhamos algo em comum.

A Tagi apresentava-se naquele conhecido estilo de mulher brasileira vagabunda: ela tinha um jeito vulgar de fêmea desesperada para arranjar um homem. Loira de cabelos compridos, ela vestia blusas com decotes mostrando o silicone independente da situação, de batismos religiosos a reuniões formais. De qualquer forma, ela estava solteira, e eu também. Ela não tinha nenhuma responsabilidade com crianças naquele chá, assim como eu. E foi dessa maneira que nos conhecemos. Vi, em seguida, no entanto, que a Tagi não era o tipo de mulher em que se podia confiar. Era capaz de ter um caso com seu namorado sem você saber. Os valores para ela consistiam em um homem atraente, com bastante dinheiro para levá-la a eventos sociais e que transasse com ela. Mas não bastava apenas transar, tinha que fazê-la gozar. Gozar todas as vezes.

Não demorou muito para eu conhecer o Stephen. A Tagiane, apesar de querer todos os homens para si, convidou-me para badaladas festas e, numa dessas, fui apresentada para o filho de pai francês com mãe inglesa. Começamos a sair e ele se apegou a mim e eu a ele. Nessa época eu tinha vinte e oito anos. Um ano depois, casamos. Foi singelo, mas elegante. A família dele veio da França para o casamento, que se realizou em São Paulo. Não quisemos exageros, somente um coquetel na casa dos meus pais, para familiares próximos e amigos íntimos. Trinta pessoas, champanhe e uns canapés bem servidos.

Eu trabalhava com eventos, mas nunca fui uma funcionária de ralar oito horas por dia. Havia dias em que eu trabalhava, outros não. Depois que me casei com o Stephen, parei de me preocupar com salários, pagar as contas ou qualquer finança da casa. Ele era o presidente de uma empresa inglesa no Brasil. Eu não concebia a ideia de trabalhar manhãs, tardes e noites para ganhar dois, três mil reais por mês, enquanto ele fazia vinte, trinta mil.

Não tardou para o Stephen mencionar o assunto de expandir a família. Afinal, ele já estava com trinta e seis para trinta e sete anos e não queria se sentir avô de seus próprios filhos. Além disso, eu julgava a razão da vontade de formar uma família vir do vazio que ele vivera com a mãe. Uma mãe e um filho não constituem uma família. Já eu nunca demonstrei muito anseio, mas também nunca afirmei que não teria filhos. No entanto, eu imaginava engravidar pelos meus trinta e três anos. Aí teria dois, um depois do outro, e então faria todas as cirurgias que fossem necessárias para eu restaurar meu corpo. Não esqueçamos que o Brasil é um país onde muitas mulheres só pensam em afinar seus corpos, aumentar seus seios e alisar o cabelo com chapinha vinte e quatro horas por dia, e eu não podia ser muito diferente disso.

O Stephen já trabalhava na empresa inglesa em São Paulo. Era gerente de gestão. Levou dois anos para ser promovido a diretor e três anos mais para tornar-se o CEO. CEOs de empresas têm seus privilégios. Carros importados pagos pela companhia, salários elevadíssimos, bônus no final do ano e funcionárias como a Alice. A Alice nunca me aborreceu ou perturbou, ela não era o tipo que atraía marido. Era alta demais, magricela, sem sal. Lembrava uma figura canina de corridas, o galgo inglês. Nunca entendi o que o Stephen viu nela, com aquele cabelinho escorrido pelo ombro sem nenhuma graça. A única explicação só poderia ser a boceta dela. Devia ser doce.

Em menos de um ano, eu descobri que havia algo estranho no meu casamento. Stephen chegava a nossa casa tarde do escritório. Sempre dizia que andava escravizado às reuniões e conferências com os outros países que também sediavam a empresa. Com a diferença de horário de um país para outro, ele devia permanecer no escritório para executar tais conferências com o telefone da companhia. Eu, estúpida, acreditava. Afinal, CEO de empresa é homem ocupado. Até que um dia resolvi vigiá-lo. Peguei o carro de uma amiga emprestado, coloquei um boné na cabeça e fiquei estacionada desde as seis da tarde próximo ao prédio da empresa, observando o horário que ele sairia do escritório. Já eram nove horas da noite. Eu estava me dando por satisfeita por ter um marido que trabalhasse tanto, quando vi o repentino inesperado. Ao invés de sair do prédio, ele chegou de táxi com a Alice. Desceram até a garagem do prédio e cada um saiu no seu carro.

 Meu Deus do céu. Meu Deus do céu. Meu Deus do céu. O que faço? Era a única pergunta que transcorria pela minha mente, que se encontrava extremamente atormentada. Eu era apaixonada por ele. Até hoje sou. Perdi qualquer razão naquele instante. Senti vontade de vomitar. O ar me acabou. Tive uma forte dor de cabeça. Não sabia o que fazer. Dos meus olhos gotejava uma garoa. Liguei para a Antonella, minha amiga dona do carro que eu havia pegado emprestado. Continuava chorando muito. Ela custou uns vinte e cinco minutos para chegar até o local do desvendo. Devolvi o carro emprestado com gritos dentro e batidas nos vidros. Antonella colocou-me no banco de carona e dirigiu em direção à sua casa. Ligou para o Stephen e comunicou-lhe que eu estava com uma enxaqueca devido às bebidas e aos coquetéis que havíamos tomado e que eu não voltaria para casa naquela noite. Acho que ele não deu a mínima importância. Só queria saber de comer a Alice.

 Acredito que meu casamento acabou naquela ocasião. Voltei no dia seguinte para casa disposta a perdoá-lo, mas ele já tinha feito uma mala e levado com ele para o escritório. À noite, ligou-me. Covarde. Disse que precisava fazer uma rápida viagem ao escritório da Colômbia e voltaria em dois dias. Não perguntou se eu havia melhorado da falsa enxaqueca. Ele queria mesmo era a puta da Alice.

 Nosso divórcio saiu em seis meses. Eu pude ficar com o apartamento de São Paulo. Ele se mudou para a Itália com a Alice sete meses depois do desquite. Convidaram-no para fazer parte do conselho da diretoria da empresa na Europa. Claro que o filho da mãe aceitou. Quem não aceitaria tal posição repleta de mordomias? Eu soube que ele não precisou se casar com a Alice logo no início da nova moradia, pois a empresa arranjara a permissão de trabalho para ela na Itália. A vagabunda trabalhava na mesma firma em que o cafajeste era CEO, certamente eles conseguiriam o que cobiçassem.

    Contudo, eles casaram-se dois anos depois. Tiveram um casal de gêmeos, Vicenzo e Pietra. A Alice pode ter conseguido tudo o que eu desejava: o Stephen, uma vida cheia de confortos e privilégios, bastante dinheiro para gastar, os filhos que falam três línguas, o enorme apartamento na Itália, que certamente tem vista espetacular para uma fonte toda iluminada com água e uma praça cheia de cafés. Entretanto, a coitada da Alice me ligou semana passada e me pediu desculpas por tudo que ela me causou. Pediu perdão por toda dor que me gerou e por todo choro que gastei com ela e com Stephen. Agora que ela descobriu que tem câncer avançado nas mamas e dias contados, quer livrar-se da sua maldade e da culpa que ela mesma tem. Fiquei com pena daquela vadia.

ALLYSON VINALA

A história de Allyson, minha colega de pós-graduação, pareceu-me muito corriqueira quando tive conhecimento pela primeira vez um ano atrás. O sucinto mote era algo como 'pais se voltam contra o casamento da filha e do noivo'. No entanto, me pareceu banal apenas até ontem, quando jantamos juntas para festejar a minha gravidez e o casamento dela, que será em onze dias. Ontem, a indiana chamada Vinala, adotada por pais americanos, contou-me a história detalhada, e não posso privar meus leitores de lê-la.

Allyson e sua irmã gêmea, Amrit, nasceram na Índia há vinte e seis anos. Por razões evidentes ligadas à miséria na qual o país sobrevive, a mãe das meninas colocou-as para a adoção em um orfanato na cidade Nagpur. O orfanato e uma instituição americana, ambas filantrópicas, mantinham um convênio para que americanos pudessem adotar crianças do tal orfanato. As meninas foram adotadas com dois anos pelos seus pais, que têm outros três filhos. Seus nomes indianos, Vinala e Haimanti, foram mantidos, porém ambas receberam novos nomes americanos, Allyson e Amrit.

Allyson e Amrit souberam de sua verdade latente na ocasião em que ambas completaram cinco anos, quando colegas de aula começaram com os questionamentos sobre as diferenças de cor e tons entre elas e seus pais brancos. Desde então, sempre indagaram sobre o tal orfanato aos pais não biológicos. A resposta ficou suspensa nos primeiros anos. Decorrido algum tempo, a curiosidade cresceu. As indagações passaram de polidas perguntas para inquéritos desgostosos. O pai, num ato de ignorância e impaciência, retrucou: um incêndio.

Descrevendo desse modo soa bastante chavão, pois a queima e a destruição de documentos geralmente estão presentes em filmes e em histórias como a explicação preguiçosa da perda de algo ou tentativa de esconder um fato relevante para a evolução dos acontecimentos. Talvez essa seja a razão pela qual o pai escolhera o incêndio como pretexto para que as meninas não procurassem por sua verdadeira origem. Não careceu muita competência ou originalidade, bastou copiar a cena de um filme.

Anos passaram-se, as indianas adotivas cresceram portadoras de uma beleza exótica e um tanto proibida. Foi quando a irmã gêmea de Allyson resolveu se casar. Não acompanhei a história de Amrit, tampouco as conhecia no ano em que a primeira irmã se casou. Vim a tomar conhecimento do trágico drama quando Allyson também decidiu se casar, dois anos depois de Amrit. O calamitoso ocorrido: os noivos das gêmeas pediram suas devidas mãos em casamento ao pai delas, que não concedeu em ambos os pedidos. (uma observação secundária na história das meninas: são cristãs fiéis, a família adotiva é extremamente religiosa).

Pelo pouco que eu soube da história de Amrit, o noivo pediu a mão da noiva três vezes ao pai, jamais concedida. Resoluto o casal a casar-se assim mesmo, (in)justamente não tiveram a presença dos pais da noiva na cerimônia. Allyson exerceu o papel de dama de honra da irmã, e a consequência dessa atitude fraternal foi que os pais excluíram ambas as filhas de suas vidas. A postura imatura e ciumenta dos pais, entretanto, alcançou o seu fim quando nasceu o primeiro neto, Milo, filho de Amrit. A família voltou a unir-se outra vez. O caráter insalubre dos pais repetiu-se – um parêntese: conheço a versão da filha, minha amiga e colega, não a dos pais – quando Allyson, dois anos mais tarde, quis casar-se com Nolan, seu namorado de um ano e meio. A profissão excepcional do rapaz: pastor de igreja. Eu conheci Nolan em um jantar na minha casa e depois o revi numa noite na qual assistimos aos Jogos Olímpicos de Inverno. Pareceu-me um homem direito, honesto e bondoso. Que pastor não seria? Nolan pediu a mão de Allyson em casamento ao pai assim como o noivo de Amrit, sinalizando um ato tradicional. O que a noiva não esperava era o mesmo comportamento do pai em relação ao pedido: o de negar. O que me soa um tanto errôneo nessa história idílica é a posição tomada pelos pais. Não posso opinar sobre o outro noivo, pois não o conheci, mas Nolan é um pastor de igreja, sua profissão abrange pregar o bem para outras pessoas. O fato de os pais discordarem do primeiro casamento cativou minha atenção, julguei compreensível, mas do segundo, provou que são pessoas emocionalmente atingidas e nada sensatas. Ou que havia algo mais profundo.

O último contato que Allyson teve com seus pais foi por um e-mail que eu mesma li em uma de nossas aulas no mestrado, em que a professora era tão enfastiosa que nos obrigávamos a ler e-mails e atualizar nossas páginas das redes sociais em plena aula. Bendita a tecnologia dos santos aparelhos celulares que possibilitam o acesso à internet em momentos de enfado.

O e-mail (pedi a Allyson que me encaminhasse o texto): "Querida filha, a sua ação nos causou muita dor. Seguir adiante com essa decisão mostra que você não tem respeito pelos seus pais que lhe deram tanto amor e um lar. Se você resolver persistir com essa união, então terá que prosseguir sozinha. Não terá o apoio nem meu, nem da sua mãe. Seus irmãos também não concordam com esse casamento profano. Se algo acontecer comigo ou com sua mãe, você não será bem-vinda a visitar-nos no hospital. Considere este e-mail como a nossa separação e tenha uma vida feliz, longe de quem lhe ama, mas feliz. Seu pai".

(Uma pequena nota: ambos os pais e o irmão mais velho interromperam o contato com Amrit novamente, pois ela seria a dama de honra da irmã, provando que apoiava tal decisão).

Entramos em férias em breve e fui comunicando-me com Allyson por e-mails e telefonemas. O que posso cochichar é que ela batalhou para pagar esse casamento com ajuda somente da família de Nolan, pois estava evidente que seus pais não contribuiriam. (Mais um segredinho: os noivos fizeram uma doação a uma instituição carente na Índia em nome de seus convidados. Assim, no dia do casamento, cada um de nós terá em seu prato um cartãozinho em que constará o donativo).

Onze dias antes de seu casamento, eu e Allyson saímos para jantar. Foi quando ela me desvendou o elemento-chave de toda essa exaltação dos pais. Nada relacionado com os pobres noivos e, sim, com uma busca que as gêmeas tinham feito anos antes. Nem preciso dizer que a busca envolve a Índia. Meses antes do casamento de Amrit, as meninas buscaram no Google – novamente, bendita a tecnologia – informações sobre o tal orfanato que fora queimado em um incêndio, de acordo com o seu pai. Descobriram que lá se encontrava a instalação, intacta e não arruinada, sendo dirigido pela mesma assistente social de vinte e seis anos antes. Não tardou nem dez minutos para as gêmeas telefonarem para o local e falarem com a tal pessoa responsável pela sua adoção. Até mesmo qual a cidade onde vivia a mãe biológica sabia a assistente, quem também advertiu as irmãs sobre a indiana que lhes deixara quando nasceram. Sendo que a Índia é um país de extrema pobreza, a mãe biológica não teria a mesma reação emocional que ambas as filhas demonstrariam, ao contrário, ela provavelmente não apresentaria nenhum sentimento em relação às filhas e, possivelmente, solicitaria algum dinheiro, considerando o nível de vida que possuem os americanos.

Um dos irmãos de Allyson e Amrit contou aos pais sobre a busca pela mãe biológica e sobre os planos de viajar até a Índia para conhecê-la. A reação de um casal que adotou duas filhas, retirando-as da inanição, da insalubridade e da carência de higiene: ciúmes, indignação, revolta e medo. Medo de perder o amor das duas, medo de elas encontrarem algo em comum com a mãe verdadeira, deixando para trás o que tinham em incomum com a família americana, medo de perdê-las para aquela mãe tão distante, medo de elas encontrarem uma resposta para aquele vazio que lhes preenchera a vida inteira, medo de perder ambas para não somente a mãe distante, mas também para os mais novos maridos, medo de perdê-las para suas novas famílias, medo de perdê-las.

Como Amrit engravidou logo depois de se casar, a viagem para Índia foi adiada. Em seguida, veio o mestrado de Allyson, que não foi barato, e dinheiro agora tinha que ser destinado à universidade. Logo após a pós-graduação, virá o casamento de Allyson e Nolan e, mais uma vez, o objetivo é economizar dinheiro. A viagem à Índia não se concretizou ainda, parece que será ano que vem.

Os pais continuam confundindo e mesclando o sentimento de ciúmes e revolta pela busca da mãe biológica com o casamento das filhas e permanecem ausentes nas vidas de ambas. O casamento de Allyson será dentro de poucos dias, e temos quase certeza de que os pais não estarão presentes. Devido à sua ausência, a noiva não vestirá o véu com seu vestido branco, já que não terá o pai para entregar-lhe ao noivo, levantando o véu e dando um beijo na testa. Estou morrendo de curiosidade para ver o casamento e quem da família estará presente.

DONA DEYSE E SEUS QUATRO AMORES

Quem acha que vai ler um romance entre duas pessoas, aquelas clássicas histórias com juras de amor eterno, drama e tragédia (ou um final feliz), iludiu-se ferozmente. Minha vida foi preenchida com a longa companhia da solidão e alguns amores transitórios, mas nenhum forte ou longo suficiente para eu me divorciar do meu próprio isolamento. Hoje tenho sessenta e seis anos, sigo morando sozinha, com meus dois gatos, minhas plantas e minha própria companhia, que, diga-se de passagem, agrada-me muito. Meu cotidiano reveza-se em jogar cartas com minhas vizinhas duas vezes por semana, ir ao clube fazer ginástica e natação nas segundas, quartas e sextas, e ir ao cinema quase todos os finais de semana – sou fã de filmes, principalmente dos românticos. Diante de mim, uma vida bem preenchida e dias ligeiramente passados. Quanto ao coração, este, sim, foi preenchido em alguns momentos da minha solitária vida, mas superficial e efemeramente.

Faz mais de dez anos que não me relaciono com um homem. O último que namorei, se é que posso aplicar a palavra namorado, foi o Roberto, um italiano que "morou" aqui no Rio. O Robby, assim que ele me fazia chamá-lo, era um guia turístico que vinha ao Brasil com tanta frequência que era como se morasse aqui. Conhecemo-nos no Pão de Açúcar, no dia em que fui acompanhar uma sobrinha hospedada em minha casa por uma semana com seu noivo. A Carla veio ao Rio para fazer um curso de fotografia e, no final de semana, fomos passear. Estávamos fotografando o Pão quando surgiu um grupo de italianos ao nosso lado. Como o noivo da Carla falava um pouco de italiano, ele trocou míseras palavras com o guia, que também arranhava um português, e seguimos os passeios com o grupo naquele dia. No agradável almoço, sentei-me em frente ao Robby no restaurante. Ao decorrer de alguns minutos, ele pediu o meu número de telefone. No dia seguinte, quando estaria de folga por algumas horas, convidou-me para sairmos. A Carla e o Rodrigo iam embora naquela tarde do telefonema, então combinei de jantarmos fora.

O Robby parecia ser um daqueles homens que tinham uma mulher em cada lugar que passavam, como falam dos guias turísticos. É um homem, ao menos era, dez anos atrás, alto, tinha olhos claros cor de mel e cabelo castanho escuro em baixo do grisalho que a idade apontava, pele levemente bronzeada, um expressão forte, apesar das rugas já serem aparentes, e um nariz marcante, conforme um típico italiano. Era charmoso, sabia vestir-se bem, chegado à música clássica poética, conseguia ser um belo galanteador e, ainda, falava diversas línguas, o que o tornava ainda mais interessante. Ademais, havia viajado pelo mundo inteiro, conhecia diversas pessoas e culturas, o que fazia com que ele dispusesse de assunto constantemente. Era um homem que conseguia deixar uma mulher calada, não submissamente quieta, mas interessantemente curiosa; Roberto brotava uma atmosfera de curiosidade quando discorria sobre de suas viagens e experiências.

Saímos para jantar em um restaurante muito romântico de comida italiana, chamado Amores. Era um recinto pequeno e aconchegante, decorado com rosas e corações, mas não de uma maneira barata e ordinária; era um ambiente que fazia um casal sentir-se inserido em um filme de amor. Tomamos um vinho da região da Sicília, se não me falha a memória, para acompanhar um sublime espaguete com uma carne macia ao molho vermelho e torta di Mandarole para sobremesa, em que tomamos um Moscato, para acompanhar, seguido de um café expresso. Lembro-me vividamente da comida, pois Robby tinha uma história e uma explicação para cada prato. O Robby conseguiu capturar meu coração solitário naquela mesma noite. Quando se tem cinquenta anos – eu tinha um pouco mais de cinquenta –, uma mulher, e também o homem, não possuem muito tempo para desperdiçar. O que eu perderia naquele jantar com aquele guia italiano? Absolutamente nada. Eu era sozinha, e tudo o que podia acontecer naquela noite era uma boa noite de amor e o que já tinha ocorrido: um bom jantar, um ótimo vinho e uma excelente conversa.

Depois do jantar, fomos ao meu apartamento. Coloquei música de Pavarotti e Roberto tirou-me para dançar. Dançamos na sala, entre o sofá e a mesa de jantar; depois de duas canções estávamos nos beijando e após quatro, estávamos no meu quarto, sobre minha cama. Havia anos que eu não beijava um homem, muito menos fazer amor com um, mas dizem que é como andar de bicicleta, ninguém desaprende. O italiano tirou minhas roupas com a boca, beijando cada pedacinho do meu corpo. Um calor percorria meu corpo, de cima para baixo e de baixo para cima. Estava, mesmo que ligeiramente, apaixonada novamente. Fazia muito tempo que eu não recebia um carinho, um chamego, um beijo ou até mesmo um orgasmo, ou dois, como foi naquela noite tépida de amor.

Às cinco e meia da manhã, Roberto acordou e eu também, pois ele tinha que trabalhar. Naquela segunda-feira quente no Rio de Janeiro, ele teria que levar o grupo ao aeroporto, já que a viagem continuava ao Nordeste do Brasil. Eu julguei que não o viria mais, porém ele prometeu ligar-me na próxima vez que estivesse no Rio. Beijamo-nos de despedida, e eu tinha a certeza de que não nos encontraríamos mais. Ele podia ter ido embora terminantemente, mas a sensação boa da paixão havia restado em mim.

Decorridos um ano e alguns meses, fazia calor no Rio, tocou o telefone. Eu estava assistindo Casablanca na televisão com meus gatos de companhia e parei para atender ao telefone. Era Roberto, falando um pouco de italiano e um pouco de português. Meu coração disparou como uma arma prestes a matar alguém, achei que ele poderia escutá-lo através daquele telefonema, minha voz enrouqueceu e minhas pernas afrouxaram. Eu tinha uma noite quente de amor garantida, só precisaria me depilar.

E foi assim por alguns anos. Cada vez que Roberto vinha ao Rio, encontrávamo-nos, saímos para jantar, voltávamos para o meu apartamento, fazíamos amor, ríamos, dançávamos, fazíamos mais amor. Eu nunca pedi seu número de telefone na Itália, pois eu sabia que ele não podia ser um homem solteiro. Até podia ser solteiro, mas não era sozinho. Deveria existir alguma ou algumas italianas que tomassem sua vida. Até que anos se passaram, e Roberto não ligou mais. Nunca soube se ele não veio mais ao Rio ou se veio e não me ligou, ou se tinha alguma outra mulher aqui também. No entanto, não dei maior importância, pois sei como são os homens e, portanto, nunca deixei que me precioso coração fosse partido por ele.

Antes do Roberto, entre jantares e idas ao cinema com diferentes sujeitos, mas nenhum que valha a pena contar, tive o Paulo. Conheci o Paulinho na academia do nosso clube, quando eu beirava os quarenta e poucos anos. Era um homem nada culto, pouco inteligente, razoável na conversa, mas companheiro para qualquer programa e aventureiro e esportista. Fazíamos aulas de ginástica aeróbica juntos, musculação e corridas na beira da praia aos finais de semana. Era gentil e carinhoso, além de uma companhia para a academia. Nada romântico, era mais um amigo do que qualquer outra coisa. Não chegou a acontecer nada de muito sério entre nós, mas entre jantares e almoços, não passamos de uns beijos. Eu não sei o que realmente passava em nossas cabeças naquela época, pois ele nunca tentou ter alguma relação sexual comigo, mas nos beijamos em algumas ocasiões. Creio que eram beijos de amigos coloridos. Depois das corridas na beira da praia, ele caminhava comigo até meu apartamento e beijava-me em frente à minha porta. Não passava disso. Entretanto, mais uma vez, eu não tinha nada a perder. Se ele era amigo ou namorado, não importava, era um amigo que me beijava, uma companhia para me distrair um pouco da minha própria.

O Paulo me acompanhou até minha porta por uns dois meses. Depois disso, comecei a convidá-lo para entrar, pois aquela situação já estava precisando tomar uma direção. Ou pararíamos com aqueles beijos ou teríamos que levar a relação a outro estágio. Tentei avançar a nossa amizade colorida convidando-o para entrar em meu apartamento para um chá gelado num sábado à tardinha depois da praia. Ele disse que não queria entrar, pois estava todo suado, e então eu sugeri que fosse para sua casa, tomasse um banho e voltasse para jantar comigo mais tarde. Eu cozinharia para ele. Ele aceitou, com um pouco de perturbação. Eu já estava um tanto desconfiada com o que havia de estranho com ele. Ou seria ele apenas um homem romântico que queria namorar uma boa porção de tempo antes de nos apressarmos para o ato sexual? Não, ele não era esse tipo de homem. Confesso que me senti um pouco intrigada com aquela figura um tanto misteriosa. Já havíamos passado do rótulo de amigos, não chegávamos a nos chamar de namorados, aquele jantar tinha que definir nossa relação.

Havia passado das oito horas da noite quando Paulinho chegou ao meu apartamento. Estava até que bem arrumado, vestindo uma calça jeans clara e uma camisa lilás com listras fininhas brancas. Entrou e não me deu um beijo na boca, mas na bochecha, o que não fazíamos havia meses. Sentamo-nos, abrimos um vinho branco e logo começamos a jantar. Eu havia feito peixe com batatas e ervilhas. Como eu já mencionei, o Paulinho não era o melhor em conversas, mas aquela noite foi aprazível. Quando fui me levantar para trocar a música, após o jantar, ele levantou-se e agradeceu pelo jantar, mas tinha que ir embora. Eu lhe ofereci sobremesa, mas ele não aceitou e me deu um beijo na boca, um tanto nervoso, recordo, e foi embora de meu apartamento.

Na manhã seguinte, ele me telefonou, desculpando-se por ter saído daquela maneira timorata, e confessou que havia se sentido um pouco nervoso. Disse-me que não queria estragar o que tínhamos e que estava agindo de maneira prudente em relação a nós. Para se redimir, convidou-me para jantar em sua casa naquela noite, pois ele agora cozinharia para nós. E cozinhou bem. Filé ao molho madeira, arroz branco com nozes, aspargos verdes, vinho tinto, e até que bastante romantismo para o Paulo. Depois do jantar, convidou-me para comermos sobremesa em um café na rua dele, pois alegava que não sabia fazer doces. Fomos, era uma noite fresca de primavera, e a área em que ele morava no Rio era pacífica, para parâmetros de Rio de Janeiro.

Os próximos finais de semana não foram muito distintos, saímos para jantar na maioria das vezes ou jantávamos no meu apartamento ou na casa dele. Contudo, eu já não estava mais entendendo bem o que fazíamos, pois nunca ultrapassava os jantares e, no máximo, um ou dois beijos na boca. Eu comecei a então desconfiar que Paulinho não se sentisse atraído por mim; talvez eu estivesse acima do peso, pois já não malhávamos tanto como quando nos conhecemos, ou ele não me considerava uma mulher bonita. Só podia ser isso. Ele me achava uma boa companhia, mas feia!

Pode parecer clichê, mas nunca acreditei em amizade entre mulheres e homens, a não ser que um fosse comprometido, a mulher fosse feia ou o homem fosse gay! Era isso, ele me achava feia, não estava atraído por mim! Só podia ser, pois homossexual eu achava que ele não era; apesar de adorar academia, ele não tinha jeito de homem gay. Mas por que então passar tanto tempo comigo, fazer tantos programas juntos? Comecei a ficar curiosa e um tanto desconfortada, e aquela situação estava começando a aborrecer-me. Os jantares e a companhia dele não me incomodavam absolutamente, mas por que a falta de interesse em fazer amor comigo?

A resposta foi dada assim que o levei para meu quarto e tentei fazer sexo oral nele. Nada do que eu havia imaginado: ele não me achava pouco atraente, tampouco era gay, a resposta estava em um estágio profundo, mais profundo do que eu imaginava ou esperava. O Paulinho era sexualmente impotente; em outras palavras, brocha! Os fatos começaram a ficar mais claros, era óbvio! Ele não tentava me levar para a cama porque ele não conseguiria uma ereção!

 Foi uma das situações mais estranhas e embaraçosas em que já me encontrei. Só quem já passou para saber. Estar deitada, nua, na cama de alguém ou na cama com alguém e essa pessoa ser incapaz de exercer o ato pelo qual as duas pessoas estão ali presentes é muito molestador. Não há o que falar, não há como conversar, não há como continuar. Meu rosto interrogativo arriscou diálogo sobre o assunto, mostrar que eu não estava chateada com aquele episódio, que podia ser algo normal, que acontece com a maioria dos homens uma vez na vida sexual deles. No entanto, Paulinho não me deixou terminar. Interrompeu-me, crispou sua testa e disse: "Deyse, eu sempre fui assim. Nunca consegui uma ereção". O restante da conversa foi de uma forma seca, sem muitos meandros.

 Ele disse-me que era um problema de longo termo e que até terapia já tinha procurado para resolver a dificuldade. Eu disse a ele que não me importava de abdicar do sexo, que poderíamos continuar nossa amizade colorida, com jantinhas e beijinhos, mas ele não aceitou. Sentiu-se muito humilhado e envergonhado pela "doença" que tinha e pediu-me para não lhe ligar mais e nem na academia deveríamos nos falar. Na verdade, ele trocou de academia, e aquela noite foi a última vez em que vi ou encontrei Paulo.

 Alguns anos antes de Paulo, deu-se o que chamo de verdadeira história barata de cinema. Seu nome é Marco Antônio, o M.A., e foi a relação mais dolorosa e enredada em que já me envolvi na minha íntegra vida. O melhor caso de todos, no entanto. M.A. é aquele tipo de homem de negócios bem-sucedido, além de incrivelmente atraente, admiravelmente arrumado e deliciosamente perfumado. Corpo bem definido. Perdoe-me o clichê, M.A. era homem com letra maiúscula. Bem, homem com H maiúsculo até eu descobrir que havia me envolvido com um homem casado. Sem caráter, sem ética e de péssima índole foi como ele se mostrou para mim, sua esposa e a secretária dele.

 Fomos apresentados em um almoço de negócios. Acredito que não tenha mencionado, mas minha profissão estava relacionada com vendas e, aos meus trinta e poucos anos, o escritório no qual eu trabalhava fez um acordo empresarial com a firma de M.A. Nossa agência era pequena, mas a única a lidar com vendas de embalagens a favor do meio ambiente naquela época, e a empresa de M.A., por ser de grande porte, mostrou interesse em começar a empregar produtos que não causassem mal ao meio ambiente a fim de mostrar preocupação pela causa.

Eu percebi um olhar desconcertante dele para mim já no início do almoço. Era algo que chegava a me deixar sem graça, causando-me certo desconforto. Mal consegui prestar atenção na reunião que tivemos durante aquele almoço. Só pensava no olhar dele e tudo que aquilo poderia me causar. Em seguida ao almoço, ele me convidou para ir ao seu escritório, a fim de me mostrar uns documentos que o pessoal da minha empresa teria que assinar. Todos perceberam que era uma estratégia da parte dele, mas ninguém comentou a respeito. Fui com ele à sua sala e nosso primeiro beijo foi lascado ali, seguido de volúpia em meu apartamento mais tarde naquele dia.

Eu não sei o que bateu em mim, pois sempre me classifiquei no tipo romântico, gostava que me respeitassem. O primeiro encontro tinha que ser um jantar, em um restaurante, depois um cineminha seguido de trocas de telefones, longas e irrelevantes conversas nele e, só pela quinta, sexta vez, o sexo seria praticado. Eu confesso que não me atrai fazer o que chamam por aí de sexo casual. Gosto de fazer amor e, para isso, duas pessoas têm que dividir um mínimo de intimidade, têm que ter uma conversa que atraia ambos, têm que demonstrar interesse em comum, têm que manter romantismo. Vamos combinar que eu não tive nada disso nas minhas relações. Apesar de Roberto ser um romanesco, nós não tínhamos um comprometimento muito metódico e a falta de seriedade e responsabilidade um com o outro, para mim, são o oposto de romantismo.

Com M.A., todavia, foi puramente sexual, para ele. Para mim, foi a maior desilusão afetuosa de meus duradouros anos solitários. Eu tinha trinta e quatro anos na época, não havia me casado ou namorado seriamente, apenas namoricos de gente jovem. Romântica e bobalhona, apaixonei-me naquela primeira tarde na sala do M.A., durante nosso primeiro beijo. Tinha sido uma das poucas vezes em que não fizera amor e, sim, sexo, um sexo brutal e animalesco. Selvageria. Ele tinha um corpo morno, suas mãos fortes e pesadas, porém ágeis, despiram-me em questão de segundos, sua boca cálida percorria meus ouvidos e, ao mesmo tempo em que eu o ouvia falar com uma voz grave e baixa, seus lábios escorriam sobre meu pescoço. O melhor sexo já praticado por mim. Nem mesmo hoje, tendo tido outros homens antes e depois dele, posso dizer que tive alguém melhor do que M.A.

Ele tinha meu telefone e ligou-me dois dias depois para nos encontrarmos na sua hora do almoço. Almoçamos juntos em um restaurante pequeno perto de sua empresa e fomos até o meu apartamento durante a tarde. Sexo, sexo e mais sexo. Foi isso que fizemos por toda a tarde. Eu, platônica, se tivesse deixado assim, teria tido o M.A. somente para mim por anos, mas não, agi como uma garotinha inexperiente, sensível, fraca e apaixonada, alguém que queria muito mais do que ele poderia oferecer-me. Eu o queria como meu namorado, noivo e, por que não, marido? Eu tinha quase trinta e cinco anos e já estava passando da hora de me casar com um homem e nunca tive, naquela época, dúvida de que esse homem fosse o M.A.

Comecei a referir-me ao assunto de namoro fora daquele apartamento, em que a relação seria aberta para os colegas de trabalho e que até envolvesse nossas famílias. Não obstante, a idiota aqui não esperava pelo que estava por vir: M.A. era um homem casado. E pelo o que entendi, era deliciosamente bem casado. Meu mundo desabou. Por mais que pareça outro clichê, achei que ia morrer. Como que o homem da minha vida já pertencia a outra mulher? Eu fiquei alucinada e desconcertada com aquela situação. Ele me contou que era casado havia oito anos, que tinha uma vida ativa com sua mulher, mas que não acreditava em monogamia. Entre sentimentos resvaladiços e palavras deslizadoras, deu-me a chance de privar-me dele naquele momento ou de aceitar ser sua amante. Eu optei pela segunda alternativa, parva novamente. Entretanto, não logo de início. Disse-lhe que não me sujeitaria ao papel de ser a outra e mandei-lhe sair de meu apartamento. Porém, eu não esperava pelo que estava por vir: não fui capaz de esquecê-lo por um segundo sequer. Tinha meus pensamentos todos voltados para ele apenas, no beijo dele e nas tardes animalescas sexuais que mantínhamos em meu apartamento, as quais eu julguei serem devido ao fato de trabalharmos juntos e, por isso, estaríamos nos escondendo. Nunca imaginei que aquela discrição toda vinha pelo fato de ele ser casado.

Desvairada, fui atrás dele insistentemente. Segui-lo por semanas, liguei obstinadamente para seu escritório, mas ele só me atendia pessoalmente, no meu apartamento, e essa era a única forma que ele poderia continuar a encontrar-me. Essa era sua condição: eu não poderia ligar para seu escritório a não ser que fosse para tratar de assuntos de trabalho e ele viria me ver duas vezes por semana no meu apartamento. Arrebatada por ele, acabei aceitando sua proposta. Eu avisei ao leitor que parecia uma história barata e vulgar de cinema.

Permaneci com ele por anos. Até perdi o número exato, mas acredito que foram uns quatro. Nunca estive tão cega de amor, eu simplesmente largava qualquer coisa para ter uma tarde com ele. Deixei de ver amigas, deixei de viajar para comemorações e encontros de família por causa dele, abandonei qualquer ocasião que não envolvesse o M.A. Eu agi como uma dessas mulheres ridículas que fazem tudo por um homem. Sabia que ele era casado, já havia descoberto que ele também mantinha umas trocas de olhares com sua secretária, o que me deixou de cama por duas semanas de tanta aflição e dor que aquilo tinha me causado e, mesmo assim, continuei com ele. Não fui capaz de deixá-lo, mesmo sabendo que ele jamais se divorciaria de sua mulher, pois ele me repetia isso frequentemente.

Os anos com o M.A. foram os melhores e também os piores da minha patética vida. Os melhores no sentido de que não há sensação mais gostosa de que estar com alguém que amamos, estar em uma cama ao lado de quem faz tremer seu estômago e coração, passar tardes inteiras tendo orgasmos com as mãos de quem me levava à altura de prédios de noventa andares, ou o lugar para o qual as mulheres vão quando alcançam um orgasmo. Os piores no sentido de que depois de tudo aquilo, eu tinha que vê-lo abandonar-me para voltar para sua esposa, a quem o tinha de verdade. Contudo, ela não o tinha por completo, mas o que importa quando era com ela que ele dormia a maioria das noites e passava todo um final de semana?

A minha pseudorrelação com o Marco Antônio foi a fase mais doentia e conturbada das minhas relações. Eu agi como uma mulher carente, pegajosa e não me fiz dar o respeito. E eu sabia que aquilo não ia durar por muito mais tempo, uma vez que M.A. já não tinha interesse em visitar-me com tanta constância e quando vinha, não ficava mais que duas horas. Até que conheci Renato, um homem que não vale a pena ser mencionado. Eu continuava cega de amores por M.A., mas sabia que nossa relação não iria passar daquelas, então, curtas tardes em meu apartamento. E eu já estava com quase quarenta anos e não podia mais permitir algo como aquilo. Se não agisse logo, eu acabaria uma mulher solteira de mais de quarenta anos. Apesar de ter sido exatamente isso que aconteceu, o Renato foi quem me libertou do M.A.

Não há nada de especial para ser contado sobre o Renato, só que tivemos bons quatro meses juntos no Rio, e ele conseguiu fazer-me gostar dele pela sua personalidade, seu carinho e companheirismo. Quatro meses depois que ficamos juntos pela primeira vez, Renato teve que se mudar para o Sul do Brasil a trabalho e terminamos nossa curta relação por ali mesmo. Foi rápida, mas suficiente para eu recuperar minha estima e esquecer o Marco Antônio. Já em relação à minha primeira aventura, anos antes de todos esses aqui relatados, teve o mexicano Juan.

Viajei ao México em 1984, para fazer um trabalho para minha empresa. Na verdade, minha companhia financiou para eu assistir a um congresso sobre embalagens naturais e recicláveis em Guadalajara. Lá, um mexicano que servia no hotel em que me hospedei conquistou-me e fez-me debutar no campo da canalhice. Juan era um garçom mexicano. Era ele o responsável pelo turno da noite e era ele que levava *room service* durante a madrugada. Baixinho, moreno, metido a bom e com aparência de homem brigão, ele entrava no meu quarto quando eu chamava pelo serviço e me olhava como se estivesse me despindo com seus olhos negros e alertas. Fazia eu me sentir como uma dama vagabunda por meio daqueles olhos e sorriso atrevidos. Disse-me que eu era a brasileira mais linda de todas que ele havia conhecido e apostava comigo que ele seria o homem que eu não seria capaz de esquecer.

Resolvi dar chance ao rapazinho e deixei uma noite que ele entrasse no meu quarto e ficasse. Minha Nossa Senhora! O mexicanozinho me surpreendeu e tinha razão: eu não o esqueceria jamais. Acompanhado de um jeito meio adolescente, veio correndo, jogou-me na minha cama, arrancou meu terno e foi direto à minha vagina. Lambeu, lambeu, lambeu e lambeu, chupou, falou com ela, lambeu mais um pouco, chupou, chupou e chupou. Enquanto sua língua trabalhava, suas mãos também estavam ocupadas nos meus seios, que nem sentiam mais nada, somente o orgasmo que ele me propiciava. Rapidamente, com seu jeito de moleque afobado, baixou suas calças até os joelhos, pegou uma camisinha que não tive tempo de ver onde estava, colocou como um jato e sem eu menos esperar, já estava dentro de mim, saindo e entrando, entrando e saindo, saindo e entrando.

O evento não durou mais do que vinte minutos. Ele pediu-me para solicitar *room service* com mais frequência, pois queria me ver novamente. Foi o que fiz pelo restante das duas semanas que ficaria hospedada naquele hotel no México. Todas as noites eu ligava para a cozinha do hotel e pedia algo. Juan vinha, entrava no quarto, colocava a bandeja na mesa, atirava-me na cama, despia-me em meio minuto e brincava com minha vagina como um menino bobinho.

Todas as noites seguiram tal rotina, até que numa, o garçom que me trouxe o jantar não era Juan. Perguntei-lhe o que havia acontecido com o rapazinho e o tímido funcionário somente disse-me que ele havia sido demitido. Estranhei. Na manhã seguinte, conversei com uma das garçonetes do buffet do café da manhã e ela teria me contado que o garçom da noite havia sido despedido porque fora pego roubando alguns hóspedes do hotel. Não acabei meu café, corri ao meu quarto e abri minha bolsa e lá estava a prova do crime: minha carteira estava com pouquíssimas notas de pesos e um de meus cartões de crédito havia sumido. Juan havia pensado e planejado o roubo, certamente. Que hóspede desconfiaria da fonte de prazer dela? Que hóspede verificaria as notas de pesos em sua carteira depois de uma noite como as que ele me proporcionava? E foi assim que começou e terminou minha curta, mas intensa história com Juan. Obviamente que envolvi a polícia, mas não nos esqueçamos do fato de que eu estava no México, era evidente que nada ocorreria sobre o roubo. Cancelei meu cartão de crédito, terminei de assistir meu congresso e voltei para casa, um pouco desiludida para uma amolada jovem de vinte e oito anos. Mal sabia eu que nos próximos, viriam muitos mais desapontamentos.

CHRISTINA E DAVE

Nasci e cresci em Barranquilla, na Colômbia. Tive uma educação bastante típica de família afortunada colombiana e também uma criação rigorosamente católica. Vim morar nos Estados Unidos há nove anos. Mudei-me para Los Angeles com o propósito de estudar inglês e acabei estendendo minha moradia. Fiz um curso de inglês por dez meses e, quando estava para acabá-lo, inscrevi-me em uma universidade para cursar um mestrado em Administração Financeira. Carente de uma ampla capacidade de domínio na comunicação na área dos negócios, eu compreendia a maioria do que era discutido em sala de aula e acabei o curso em dois anos e meio. No final do curso de mestrado, consegui uma entrevista de emprego em uma corporação assaz respeitada nos Estados Unidos. Meu salário, no início, era de aproximadamente quatro mil dólares. Há um ano, quando resolvi desligar-me da empresa, estava faturando oito mil dólares por mês.

Foi um ano antes desse último que conheci o Dave. Dave estava na festa de *housewarming* de um colega da minha empresa. Eu o achei fascinante e tratei de me apresentar para ele rapidamente. Nos Estados Unidos, não há convenções que ditem que a mulher deva ficar esperando o homem aproximar-se a ela, como é de prática na Colômbia. Eu já estava morando na América fazia anos e não trazia mais tanta influência do estilo de vida colombiano. Dave e eu ficamos boas duas horas conversando a sós, quando ele me convidou para jantar naquela semana, que estava para começar. Eu disse-lhe que sim, nitidamente.

Saímos numa noite de brisa no início do verão californiano. Fomos a um restaurante cubano na praia de Santa Monica que tanto adoro. Fui eu quem sugeriu o local, mas como ele também tinha afeição por comida cubana, foi de comum acordo. Ali começamos a sair e, em seguida, demos partida a um namoro, mas não nos inserimos em ares muito poéticos como eu gostaria, afinal Dave é americano clássico, ou seja, bem prático e nada romântico. Já eu, colombiana, fora acostumada a ser uma princesa devaneadora e sempre adorei uma boa atmosfera fantasiosa.

Eu morava em um apartamento de dois quartos em Venice Beach e, após poucos meses namorando o Dave, mudei-me para seu apartamento na beira de Manhattan Beach, ambas em L. A. Já morava com o Dave há quase um ano quando meu chefe alegou-me que a empresa teria que eliminar gastos devido à situação financeira do país do ano de 2009. Eu constituí uma dessas eliminações. Perdi meu emprego nesse ano e, consequentemente, meu visto de trabalho nos Estados Unidos. Dave não demonstrou desespero em relação à minha perda e propôs nos casarmos para que eu não tivesse problemas com o visto para residir nos Estados Unidos. Simples assim, casamos em nosso apartamento com vista para o oceano pacífico, com um amigo colombiano pastor. Foi no dia da Independência dos Estados Unidos e eu estava com trinta e um anos.

Naturalmente, para minha família, oferecemos uma grande festa de casamento na Colômbia. Cumprimos com o que a língua inglesa chama de *destination wedding*, em que os convidados viajaram a Cartagena para a cerimônia. Em um casamento desse tipo, não se esperam muitos convidados, pois só presencia quem tem recursos para pagar a viagem e hotel, que não foram de pouco preço. Recebemos em torno de quarenta e cinco convidados, e foi uma festa resplandecente e grandiosa. A maioria das pessoas presentes fazia parte da minha família, e dez convidados eram familiares do Dave, como os pais, o irmão, alguns tios, dois primos e sua avó. Fiz questão de realizar um casamento marcante, pois minha família nunca, e nem eu, aceitaria um casamento singelo e modesto.

Casamo-nos em julho, mas a festa de casamento foi em final de outubro, então tivemos poucos meses para organizar as festividades e achar um fabuloso vestido de noiva. Como eu não trabalhava na época, foi fácil porque eu dispunha de tempo para resolver todos os assuntos em relação ao casamento vinte e quatro horas por dia, sete dias por semana. De Los Angeles, eu consegui alugar o hotel para os convidados e o salão de festas em que seriam realizados a cerimônia e o jantar. Os comes e bebes ficaram sob responsabilidade de minha mãe, que mora na Colômbia e que se prontificou a decidir os pratos a serem servidos na grande festa. O vestido de noiva foi encontrado em uma loja em Beverly Hills, lindíssimo e caríssimo, naturalmente. Fui com uma amiga venezuelana à loja escolher o modelo, e achamos o vestido perfeito. Seda branca, sem rendas, enfeites ou adornos, tangente ao corpo, decote tomara que caia, chique, fino e formidável. Eu não queria algo muito ornamentado porque desejava que os convidados estivessem olhando para mim, e não somente para o vestido.

 Parecia estar tudo sob controle e encaminhado, mas faltavam diversas etapas. O vestido, em agosto, já estava largo em meu corpo, pois com o estresse do casamento, quero dizer, da festa de casamento, eu já tinha perdido uns três ou quatro quilos. Tive que levar o vestido até a loja em Beverly Hills e fazer provas durante o mês de setembro inteiro e, depois, mais uma última prova em outubro, antes de viajarmos à Colômbia. O sapato também não foi fácil de encontrar, uma vez que as americanas parecem não conhecer um modelo elegante e delicado de salto alto fino. Esse tipo de sapato já é difícil de achar, na cor branca para casamento, é missão quase impossível. No entanto, achei o par de sapatos mais bonito, chique e também oneroso de L. A., em uma loja no *business district* de Los Angeles.

 Ainda faltavam música, DJ, fotógrafo, filmagens, flores, arranjos, enfeites... Enfim, ocupei-me tanto com a minha festa de casamento que meu casamento começou a esfriar. Dave só me procurava na cama uma, no máximo, duas vezes por semana. Eu só tinha a cabeça voltada para a festa, mas comecei a estranhar que não transávamos mais como meses antes. Conversei com uma amiga brasileira, a Vanessa, que parecia ser muito bem casada e sexualmente ativíssima. Eu e Vanessa éramos até que bem íntimas, pois éramos vizinhas. Conhecemo-nos certo dia no elevador do prédio e iniciei uma conversa com ela. Marcamos um jantar em um restaurante ao lado do nosso edifício e, assim, conhecemo-nos melhor e também aos maridos. Desde então, viramos amigas.

 Vanessa lecionou-me sobre sexo. Achou um erro gravíssimo o fato de eu não tomar pílula anticoncepcional e fazer com que meu marido usasse camisinha de vez em quando. Ela arrazoava que ele era meu marido e não um homem qualquer e que eu deveria ter uma relação completa com ele. Lembro-me vividamente da maneira como ela me censurou quando contei que eu fazia com que Dave ejaculasse fora de mim, para que não houvesse probabilidade de eu engravidar. Não só isso, ela fez-me ver que o seu esperma não era sujo, como eu enxergava. Ele era meu marido, e eu deveria ter prestado mais atenção a isso, e não o ter tratado como um namoradinho qualquer.

Vanessa também me ensinou a usar lingerie mais sexy e ousada. Compramos um dia, juntas, calcinhas e sutiãs de rendas, cintas-ligas e meias-calças na Victoria Secrets, para eu fascinar o Dave. Nada disso adiantou. Dave uma noite chegou a adormecer enquanto eu dançava para ele somente vestindo uma sandália dourada de salto alto e lenços marroquinos cobrindo minha nudez. Recorri à Vanessa mais uma vez. Ela julgava que a falta de apetite sexual dele vinha devido ao fato de que eu não o deixava gozar dentro de mim ou simplesmente porque os casais americanos costumam fazer sexo, em média, uma vez por semana.

Chegamos à conclusão de que ele estava sem interesse em transar comigo, pois, além de eu querê-lo somente com camisinha, não o deixava terminar nossa relação sexual como as mulheres normalmente o fazem. O melhor que eu tinha a fazer era dialogar com o Dave; uma vez que o problema era nosso, deveríamos resolver os dois juntos. Relatei a ele o que eu havia conversado com Vanessa, de como ela se espantou com o que eu fazia, ou melhor, não fazia na cama. Conversamos e ele assumiu-me que abominava ter que ejacular fora de mim. Desse modo, eu resolvi começar a tomar a pílula para que tivéssemos uma relação sexual mais descontraída e natural. Procurei meu ginecologista na mesma semana e comecei com o anticoncepcional naquele mês, antes ainda da nossa festa de casamento.

Os preparativos estavam quase prontos, e a tão esperada data finalmente chegou. O casamento foi simplesmente deslumbrante. Eram seis mesas quadradas para oito pessoas, bem postas e arrumadas; três estavam cobertas com toalhas de linho de um tom de azul-marinho com pratos quadrados de cor branca, e as três restantes tinham toalhas de linho brancas e pratos quadrados azuis-marinhos. Os guardanapos de linho seguiam a cor do prato, e havia taças para vinho, água e champanhe, todas de cristal. Os talheres eram de prata, evidentemente, e os enfeites de centro de mesa eram originalíssimos: ganhei de presente de casamento de uma amiga proprietária de uma elegante loja de flores em Barranquilla, arranjos de flores de belíssimo gosto. Os arranjos acompanhavam a atmosfera mediterrânea da decoração e encontravam-se dentro de um vaso raso quadrado de vidro com água e velas rasas, posto ao centro de cada mesa.

Como os convidados não eram numerosos, o requintado jantar foi servido à francesa. Os garçons eram bastante profissionais e encontravam-se impecáveis. A entrada foi Gaspacho, uma sopa típica de tomate com cebolas e outros vegetais picados servida fria. O prato principal foi peixe ao molho de mostarda com temperos africanos ou salmão ao caldo de limão com alcaparras, acompanhados de arroz de açafrão com pimentões coloridos em tiras ou arroz negro com mariscos. Os vegetais incluíam finos aspargos ou couves de Bruxelas e algumas *arepas* para acompanhar. Minha mãe fez questão de oferecer duas opções de carnes e acompanhamentos para os convidados, mas peixe era uma necessidade para o tema mediterrâneo do casamento.

Antes de servir a sobremesa, os funcionários do hotel vestiram-se de monges e entraram no salão servindo champanhe para brindar. Ato exótico. A sobremesa foi posta em uma mesa separada, pois os extravagantes doces estavam arrumados em pratos com vários andares ao lado de uma cascata de chocolate – pequena, claro – e frutas em palitos de prata, para serem saboreadas como em um fondue. Seguido à sobremesa, foi servido aos convidados café colombiano acompanhado de trufas recheadas com pimenta. A música era latina, mas às três da manhã, entraram no salão dançarinas sambando ao som de música de carnaval brasileiro.

As fotos ficaram tão belas quanto à própria festa. Cartagena é uma cidade lindíssima, com casas de cores quentes e excêntricas. O nosso fotógrafo era extremamente eficiente e profissional, e nossas fotos saíram estonteantes. Fato que embelezou a festa e as fotografias foi a fotógrafa ter sugerido que os homens vestissem camisa de linho branco, pois assim as fotos pareceriam mais claras e belas. Fiz o pedido aos meus convidados.

Voltamos de Cartagena num sábado e na terça-feira seguinte já embarcaríamos de lua de mel para as ilhas Caribenhas, onde sempre quisemos ir juntos, como casal. Eu estava protegida contra gravidez e armada de lingeries novas para excitar o Dave. Fizemos sexo todos os santos dias de nossa viagem e foi grotesco de tão bom. Fazíamos sexo pela manhã e pela noite. Ao acordar, ele sempre vinha com suas mãos grandes e pesadas transcorrendo por toda minha pele, acariciando suavemente meus peitos e beijando a minha nuca, boca e orelhas. Todavia, eu sempre parava seu desejo matinal para escovar os dentes, pois, afinal, queria manter uma relação higiênica. Dave dizia que eu não precisava escovar os dentes e que meu cheiro natural era cativante. Mesmo assim, eu levantava da cama para fazer a limpeza bucal e também lavar o rosto, mas de uma maneira bem insinuante. Ele dizia que interrompia o impulso, contudo eu não dava importância, fazia do meu jeito.

À noite, quando voltávamos dos passeios às estonteantes praias, ele subia no elevador do hotel me tocando, apalpando as minhas nádegas por baixo da saia de praia, beijando meu pescoço e orelhas. Eu o ordenava parar, uma vez que queria tomar banho antes de qualquer contato, afinal, sentia-me suja da praia. Ele concordava com minha atitude, mas assim mesmo não encerrava com as tentativas de transar na sacada do quarto do hotel ao entrarmos, mas eu queria na cama, depois de estar limpinha.

Voltamos relaxados e satisfeitos da nossa bem-sucedida lua de mel e agora teríamos relações sexuais todas as noites. Ingenuamente acreditei que em casa seguiríamos com a mesma prática. Errei, não foi o que ocorreu. Entrei em nosso apartamento e o achei imundo: móveis empoeirados, maresia e insetos mortos pelo chão. Estávamos fora de casa havia duas semanas e mais o período em que ficamos na Colômbia. Aqueles poucos dias que passamos em nosso apartamento entre as duas viagens não foram suficientes para eu chamar uma faxineira. Assim, fui fazer uma pequena faxina no apartamento, na qual não levei mais do que três horas. Ora, três horas não significam nada para deixar uma casa limpa, mas o Dave já queria se encerrar no quarto.

Não fizemos amor naquela noite porque ambos estávamos cansados. Tampouco na noite seguinte, já que Dave acordara cedo para ir ao seu escritório, onde ele era um dos sócios, e também porque chegara tarde, indo diretamente trabalhar em seu computador, pois precisava entregar um documento para um dos sócios no dia seguinte. E assim fomos, normalmente, sem sexo durante a semana, somente no final de semana.

Dave era muito dedicado ao seu trabalho, pois sendo sócio não podia permitir qualquer deslize. Esse era o problema dele: focava sua vida em trabalho. Tinha o projeto de transformar seu escritório de web design em um dos maiores da Califórnia e, para isso, trabalharia até quatro horas da manhã se fosse necessário. Eu entendia essa fome de trabalho, mas ele é quem deveria entender que agora éramos casados, que ele precisava investir em mim também, a nova família dele. Ele argumentava precisar trabalhar muito para poder manter meus gastos, os quais não eram tão altos assim, era exagero dele. Nunca comprei roupas baratas ou fiz viagens curtas, mas não vivia minha vida como realeza. Ele queria trabalhar e fazer muito dinheiro? Eu queria gastá-lo.

O dia em que ele me pediu para parar de comprar vestidos todas as semanas fui à insanidade. Como ele se atrevia a me fazer um pedido desses? Ele passava dias inteiros em reuniões, e eu em casa, sozinha, sem ter o que fazer. Emprego estava difícil naquela fase dos Estados Unidos, e eu não trabalharia oito horas por dia para receber um salário que não fosse digno do meu nível acadêmico. Então, saía com uma amiga também colombiana, a Mônica, para irmos às compras. Tenho consciência de que eu gastava um pouco a mais do que o necessário, mas por que comprar um vestido de duzentos dólares quando se pode gastar um pouco a mais e comprar roupa boa de grife conhecida?

Dave alegava que o momento exigia que eu arranjasse um trabalho. Como eu não toparia qualquer empreguinho, ele sugeriu-me cursos. Aula de inglês eu não precisava fazer, pois já falava a língua havia muitos anos. A Vanessa sugeriu-me um curso de redução de sotaque, pois ela achava que o meu era muito forte. Besteira, todo mundo me compreendia bem. Quem precisava era ela. Curso de culinária foi a próxima sugestão do Dave, que também ignorei, pois não sou e nunca fui mulher de ficar atrás de um fogão. Até que encontrei algo para ocupar meu vago tempo: academia e aulas de pintura. Academia, porque sempre é bom estar em forma; aulas de pintura me interessavam, pois minha irmã havia nos concedido de presente de casamento um quadro que ela mesma pintara e, como não gostei das cores, repintei-o, abrindo meu apetite para a arte.

Numa tarde em que navegava pela internet, um curso atraiu minha atenção. Não era bem curso com aluno e professor, eram palestras que ajudariam as pessoas a terem maior prazer no ambiente familiar, a como dedicar-se mais à família e aos filhos. Os homens aprenderiam a dar mais prazer para suas parceiras no sexo. A essência do curso era fazer com que os homens deixassem de ser tão egoístas e se importassem mais com suas mulheres e filhos. Matriculei nós dois e apenas depois comuniquei ao Dave. "Ridículo", foi o que Dave expressou sobre as tais aulas. Chamou-me de mimada e disse que eu levava a vida de uma princesinha de típica família colombiana. Afirmou que minha vida não era realista, que ninguém no século vinte e um restava em casa sem trabalhar, e que ele tinha se apaixonado por uma executiva bem-sucedida, não por uma dondoca que só saía de casa para fazer ginástica ou gastar quatrocentos dólares em vestidos com a amiga, que também era outra dondoca.

Não entendo até hoje como ele teve coragem de pensar tudo isso sobre mim. Quanta invenção a meu respeito. Ele não percebia que havia ficado naquele país para ficar com ele? Que havia trocado a minha vida na Colômbia, onde eu tinha tudo do bom e do melhor, para me casar com ele? Eu não me enfureci porque sabia que a culpa do nosso casamento assexuado era o trabalho dele e não minha. Era ele quem trabalhava até tarde, era ele quem não me procurava na cama, era ele o responsável pela nossa relação morna e tediosa. Eu já tinha feito um tremendo esforço com o anticoncepcional e as lingeries, agora, era vez dele.

Vivemos por quase dois anos assim, sem muito diálogo. O Dave sempre trabalhando, e eu em casa, de casa para a ginástica, da ginástica para a piscina do nosso prédio ou para a praia. Não gastava mais tantos dólares em vestidos, eu já não precisava de tantos modelos, uma vez que não saímos mais com tanta frequência. A Mônica seguidamente me convidava para sair e eu ia, ao passo em que Dave, então, mantinha relações com o computador dele. Não fazia nenhuma diferença eu estar em casa ou não, pois ele só tinha olhos para a tela do seu laptop. Sexo, nessas alturas, uma vez por mês. E nenhum de nós procurava. Acho que era na obrigação, para manter o nosso casamento. Até que a situação se modificou. Dave agora nem mais para casa voltava, mentia que ia dormir no escritório, pois tinha reuniões tarde da noite e outras cedo da manhã. Eu não acreditava. Sabia que havia mulher envolvida. E havia mesmo.

Comecei a segui-lo para descobrir quem era a nova namoradinha dele. Com alguém ele tinha que estar transando, pois os homens não permanecem sem sexo por longas temporadas, é instinto natural. Foi quando, poucos dias o perseguindo, vi-o entrando no apartamento da Vanessa, no nosso prédio. A Vanessa. A brasileira tão bem casada e boa de cama. A Vanessa, sexualmente ativa e cheia de ideias. Era com a Vanessa que ele estava transando. Enquanto o marido da brasileira se esforçava trabalhando, o Dave estava na casa deles, trepando com a desgraçada sem vergonha. Como nunca percebi? O que eu não compreendia era o motivo de ela havia me dado tantos conselhos de como aperfeiçoar e aprimorar minha rotina sexual com Dave se ela queria transar com ele também. Mas eu não deixei essa história nesse estado.

Contive-me, mesmo estando muito nervosa e aflita, não bati na porta dela, pois eu sabia que eles encontrariam um jeito de negar e me enganar. Voltei para o meu apartamento. Tremia já, de tanto nervosismo, mal conseguia falar, mas mesmo assim, liguei para o marido da Vanessa, o Mark, e pedi que ele fosse imediatamente para casa. Ele não entendeu a razão, todavia afirmei ser caso de urgência. E ele foi. Encontrei com o Mark na entrada do nosso edifício, eram mais ou menos cinco horas da tarde – ele costumava chegar somente às sete e meia da noite. Não contei ou expliquei nada, somente sugeri que deveríamos ir ao seu apartamento. Quando sua chave estava a um segundo de destrancar a porta, comecei a chorar, pois estava muito apreensiva com a situação.

Entramos. A porta do quarto do casal estava fechada. Eu chorava mais. Sabia que a cena que estávamos prestes a testemunhar era algo que nos marcaria para o restante de nossas vidas. Desconfiar da traição do marido é completamente diferente de presenciar a evidência da infidelidade. Mark abriu a porta lentamente e, enquanto abria, podíamos ver o pé direito da Vanessa, elevado e, em seguida, suas longas e bem torneadas pernas morenas. Quando a porta foi aberta mais um pouco, vimos a cabeça de Dave enterrada entre as pernas dela, tinha seus olhos fechados, e ela gemendo de prazer. Eles estavam no chão, no meio de extrema bagunça: havia roupa espalhada, uma lata de chantilly aberta e outros objetos que não consegui mais notar de tão perturbada em que me encontrei com aquela cena do meu marido com a face enterrada no meio das pernas de outra mulher. Eles não perceberam nossa presença num primeiro instante de tão inseridos que estavam naquele ato. Num segundo momento, provavelmente cinco segundos depois, Mark gritou que parassem. Eles pararam, olharam-nos com expressão de terror, pois não estavam esperando serem pegos. Ele ainda tinha a boca toda molhada do gozo dela, ela encontrava-se parcialmente nua, somente vestindo um corpete prateado com fitas pretas na cintura.

Mark pôs-se em direção a Dave. Vanessa gritou alto. Ele foi para cima dela também. O marido enganado descontrolou-se e não sabia a quem ele odiaria mais: à Vanessa, por tê-lo traído, ao Dave, por ser o amante de sua mulher, ou a mim, por ter contado algo de que ele jamais desconfiaria. Depois de socos e chutes, Dave e eu saímos do apartamento de Mark e Vanessa e fomos para o nosso. Entramos, sentamos à mesa de jantar e lá ficamos, o resto do dia, sem ter coragem de nos falarmos. Eu não tinha raiva mais, o sentimento que me enchia o corpo era de pura desilusão e decepção.

Após a noite dormida no sofá, Dave pegou duas malas, encheu de roupas e sapatos e foi embora. Alugou um apartamento de quarto e sala e deixou-me o nosso. A Vanessa foi expulsa pelo Mark de sua casa e teve que voltar ao Brasil, pois não tinha como se sustentar nos Estados Unidos. O Mark, coitado, não achou ninguém, e acho que tem receio que tudo possa se repetir com ele. Quanto a mim, ainda não procurei por ninguém e tenho certeza de que a qualquer hora o Dave ressurge, pois ainda não nos divorciamos. Ele perceberá a grande mulher que sou e notará que precisa de mim, afinal, ninguém nasceu somente para trabalhar. Se nosso sexo não era ardente como o dele com a Vanessa, paciência, ele aprende a gostar do que tem em casa. Já contei aqui que nunca fui eu quem não o quis. Ele é que não me procurava mais.

VANESSA E MARK

Mudei-me para os Estados Unidos muitos anos atrás para fazer um curso de arte visual no *Praat Institute*, no Brooklin. Fui à Big Apple com o intuito apenas de estudar, apaixonei-me pela cidade e acabei permanecendo. Pude trabalhar legalmente com meu visto de estudante contanto que eu trabalhasse na escola onde eu estudava. Foi o que fiz por quase um ano. O *Praat* tinha um convênio com uma faculdade de Arte na Filadélfia, e quando abriram vagas para trabalhar na área de arte visual da cidade da independência, eu fui. Eu tinha que viajar a NY semanalmente, para assistir a uma aula, e eu adorava. Eu deveria continuar estudando para ficar legal no país e, se quisesse trabalhar, teria que ser somente em instituições com convênios com o meu instituto.

Casei-me com um americano chamado Mark. Mark era o legítimo americano, chegando a ser um tanto sem graça. Trabalhava o dia inteiro, chegava ao nosso apartamento e queria jantar para poder assistir aos jogos esportivos na televisão. Todas as noites seguiam a mesma rotina com Mark. Jantar, TV e cama. Quando digo cama, na verdade, quero dizer dormir. O fim de semana era mais chato ainda. Ele queria ver jogos de futebol americano na TV e sair para almoçar em restaurantes típicos americanos, ou seja, *boring*! Mark nunca me convidou para ir a um lugar sofisticado, com decoração requintada e pessoas bonitas ou esbeltas. Era sempre a mesma coisa: *Ruby Tuesday*, *T.G.I. Friday*, *Apple Bees* e *Red Lobster*. Era enfadoso. Nos Estados Unidos, você pode frequentar lugares muito aprimorados, mas também há os típicos restaurantes de rede, que têm enormes televisões em todas as paredes e famílias enormes. Enormes duplamente. Eram os típicos americanos obesos, porque só comem nesse tipo de restaurante, onde a comida é puramente frita e repleta de gordura, ou porque também as famílias eram numerosas – os casais americanos têm quatro filhos em média.

Esse era Mark. Quando não falava de esportes, falava de eletrônicos, pois, afinal, a América é o paraíso de eletrônicos. Não cheguei a amar o Mark; era uma questão de conveniência, uma relação profícua. Ele tinha cabelos raspadinhos e loiros, era alto, com olhos verdes. Era um homem bonito, mas superficial, como todos os americanos. Namoramos logo depois que nos conhecemos em um jogo de basquete. Eu só estava lá porque uma amiga tinha ganhado ingressos da sua empresa para assistir ao jogo no camarote da firma. Parece algo chique e sofisticado, mas é bem corriqueiro. No camarote, conhecemos alguns caras da companhia dela e Mark me interessou. Ele atraiu minha atenção para ficarmos juntos algumas vezes, mas nunca imaginei que eu acabaria me casando com ele.

Depois do jogo, continuamos saindo e logo estávamos nos relacionando. Eu não achei que seria algo duradouro, estava apenas me divertindo momentaneamente. O primeiro ano ao seu lado foi bacana, mas, no segundo, meu visto estava para expirar, e eu teria que voltar ao Rio. O instituto não me patrocinaria outro visto, e a solução que encontrei foi propor Mark em casamento, nada romântico, foi puramente com a finalidade de eu residir no país. Eu não vi maldade nisso, pois considerei a ideia de ter visto permanente nos Estados Unidos – e de trabalho também – ótima. Além disso, nunca fui mulher fanática por casamentos grandes ou coisa parecida. Nunca dei verdadeira importância ao casamento, como muitas mulheres dão. Para mim, não tem nada de sagrado, é uma união que pode desmanchar-se a qualquer momento. Como dizem os *yankees, not a big deal!*

Mark aceitou. Fomos a NY no mês seguinte para nos casarmos no consulado brasileiro, e eu não enfrentaria mais problemas em relação à imigração americana. Eu até que simpatizei de ter me casado com ele no início, mas logo entramos numa rotina e eu vi o quão chato e americano Mark podia ser. Mudei-me para o seu apartamento na região dos museus na Filadélfia quando nos casamos e isso me poupava um bom dinheiro em aluguel. Não posso negar que tirei proveito da situação. Era muito cômodo não ter que se preocupar com o pagamento de todas as contas e, sim, dividi-las.

Dois anos mais tarde, mudamo-nos para Los Angeles devido ao trabalho de Mark. Foi quando conheci a Christina. Encontramo-nos numa manhã no elevador e, por sermos paralelas na questão da idade, ela iniciou uma conversa comigo. Trocamos telefones e logo marcamos de jantarmos e sairmos para beber com os respectivos maridos. Eu confesso que estranhei o fato de ela ter puxado conversa comigo, afinal, estamos tratando dos Estados Unidos, onde ninguém conversa com um desconhecido. Pensei que nossa *small talk* era por ela ser latina e, consequentemente, conversadora, e não por que não tinha muitos amigos ou passatempos.

No início, achei maneiro conhecer meus vizinhos, ter jantares e *happy hours* para fazer com eles. Foi divertido. Porém, eu chegava a sentir vergonha dos papos, pois Mark sempre falava sobre o mesmo assunto: esportes, carros ou eletrônicos. Já o Dave, marido da Christina, era um cara viajado, homem de negócios, conhecia muitos países, inclusive a Europa. Quanto ao Mark, nem o Canadá conhecia. Os americanos têm essa tese de não querer sair do seu país, acham que os Estados Unidos oferecem tudo e não precisam mais do que isso. Eu me apoquentava muito com esse pensamento. Eu achava que a Christina e o Dave só saíam comigo e com Mark para ela ter algo para fazer e se ocupar. Christina não trabalhava e ficava o dia inteiro sem uma função ou ofício, então ela nos convidava para jantares e eventos sociais. Se fosse pelo Dave, duvido que tivesse vontade de fazer algo com o Mark.

O Dave era esperto e bem-sucedido. A Christina era uma mulher viajada e inteligente, mas completamente dondoca, uma verdadeira madame. Não queria cair na real e ainda tinha coragem de reclamar sobre o tanto que o marido trabalhava. Acabamos nos tornando íntimas, e ela chegou a me pedir conselhos a respeito da sua vida pessoal. Obviamente, a atividade sexual dela com o Dave vinha amornando. Não consigo acreditar que uma mulher que passa o dia sem trabalhar, sem fazer nada de útil, somente assistindo à televisão, lendo revistas, mandando e-mails convidando para eventos e ligando para os vizinhos, consegue manter a admiração do marido alta.

Recordo-me de uma manhã de um sábado, quando tocou meu celular às nove da manhã. Era a Christina querendo combinar um jantar para aquela noite. Eu, recém-acordada, disse a ela que retornaria a ligação mais tarde. Nesse sentido, fiquei pensando sobre o quão morna estaria sua relação com o Dave para ela me ligar naquele horário; provavelmente, dormira cedo na noite anterior. Ela me contou mais tarde que não conseguia mais atrair Dave para a cama, e foi quando eu sugeri diversas ideias para ela mudar sua vida sexual. Ela era tão egoísta que nem pílula anticoncepcional tomava, por causa da celulite, evidente. Ela me confessou que sentia nojo se qualquer homem ejaculasse dentro dela. Anos antes, um namorado gozou nela sem camisinha, e ela sentiu-se violentada. Como alguém consegue ser desse modo? Eu avisei que ela acabaria perdendo o marido se continuasse com toda essa frescura. Exatamente o que aconteceu.

A Christina não era estranha somente em relação a sexo. Era cheia de manias e preconceitos. Quanto ao casamento dela, Deus do Céu! O Dave tinha um primo que namorava uma mulher quinze anos mais velha e que tinha uma enorme tatuagem nas costas. A Christina teve a coragem de perscrutar a mãe do primo se ele levaria a tal namorada para o casamento na Colômbia e no final da tal conversa, "solicitou" que ele não a levasse. Eu a condenei, afirmando que era um preconceito burlesco, uma vez que eu também tenho tatuagens! Quando eu fui ao apartamento do casal para assistir ao vídeo do casamento, percebi que a maioria dos convidados homens estava vestindo a mesma camisa branca e perguntei a sobre a cor. A resposta? Ela havia pedido aos convidados para se vestirem dessa forma! A Christina age de forma tão autoritária que inclusive a roupa dos convidados ela quis decidir. O mesmo aconteceu com a mãe de Dave. A simpática senhora comprou um vestido para o casamento que não agradou à noiva, fazendo com que Christina pedisse a Dave que fizesse a mãe comprar outro!

Lembro-me de uma noite em que saímos para jantar eu, ela, outra vizinha e mais duas amigas minhas. Todas éramos jovens mulheres de classe média, mas todo mundo trabalhava e batalhava duro. Ninguém esbanjava dinheiro, mas Christina não percebia o quanto ela podia ser importuna em relação ao seu patrimônio. Nessa ocasião, ela falou sobre o pacto pré-nupcial que havia assinado com Dave antes de se casarem. Ela seriamente mencionou que se ele fizesse um milhão de dólares, metade pertenceria a ela caso viessem a se divorciar. Eu não consegui acreditar que ela mencionou o termo um milhão. Com certeza, nem eu, nem minhas amigas, faziam parte dessa realidade.

Também lembro-me de que nesse mesmo jantar eu perguntei se ela começaria a trabalhar ou fazer algo da vida dela, já que ela estava voltando da sua festa de casamento na Colômbia. Ela replicou-me que estava interessada em fazer o curso de redução de sotaque que eu tinha recomendado e que estava com vontade de fazer um trabalho que não era só trabalhar por trabalhar. Ela queria fazer algo – não disse exatamente o que era –, mas que não precisasse sair de casa e que ganhasse em torno de dez mil dólares por mês. Eu não consegui acreditar no que estava saindo dos lábios dela. Como uma pessoa faz um comentário desses em frente de outras que não ganhavam nem dois mil dólares por mês e que ainda tinham que se sustentar sozinhas?

Outra vez que Christina me aborreceu muito foi logo depois que nos conhecemos e que ela ofereceu uma festa em seu apartamento. Ali vi que ela não era uma pessoa de numerosos amigos, pois depois de nove anos morando nos Estados Unidos, ela tinha oito convidados somente, incluindo eu e Mark. Enfim, ela havia me pedido ajuda na sexta-feira à tarde para irmos juntas comprar bebidas e aperitivos. Recordo-me de que ela fez o seguinte comentário: "Já gastei duzentos dólares com essa festa. Por que você não paga o resto das bebidas?". Eu fingi não ter ouvido. Mais tarde, quando chegamos à sua casa, Christina pediu-me que eu preparasse um prato para servir em sua festa. Nem cozinhar a dondoca sabia!

Fiz uma salada de massa que rendeu bastante, e ela poderia servir a todos os seus oito convidados. Perguntei se ela tinha pratos pequenos suficientes para servir, e ela me disse que não, então busquei no meu apartamento pratos de papel, sendo que nos Estados Unidos é muito comum servir aperitivos em pratos descartáveis e usar talheres de plástico. Ela ainda requisitou que eu fosse ao mercado ao lado de nosso prédio para comprar aipo – sim, nos Estados Unidos é comum servir vegetais em festas informais como essa – e menta, para fazermos *mojitos*. Ela não podia ir, pois tinha que arrumar a casa e se arrumar antes da tal festa que estava planejando.

Quando anoiteceu, ela serviu somente uns pimentões coloridos e amendoins, mas nunca serviu a tal salada, mesmo depois de alguns toques que eu lhe dei do tipo: "O pessoal bebeu bastante, tá dando fome". Quanto aos pratos de papel, eu também não os vi, pois acho que a dondoca os achou muito simples para servi-los em seu sofisticado apartamento.

Bem, depois da mísera ajuda que eu ofereci em relação à sua festa e sua vida pessoal com Dave, Christina então comprou lingeries bem voluptuosas e também começou a tomar pílula para que ela e o marido conseguissem ter uma relação normal. O seu ato de estupidez foi dizer-lhe que tudo aquilo era ideia minha. Eu já achava o Dave um homem libidinoso e imensamente atraente, quando ela revelou a ele que eu tinha sido a "professora", ele desenvolveu uma atração doentia e insistente por mim. Eu era casada, mas vivia um casamento tedioso e desinteressante. Meu marido era o que os americanos chamam de *geek*. Um verdadeiro bobão! Não pensei muito antes de começar a ter um caso com Dave. Eu sabia que não suportaria aquela vida com o Mark nos Estados Unidos por muitos anos. Mas também sabia que perderia minha permissão de moradia se fosse descoberta por Mark.

    Começamos a nos encontrar em meu apartamento, pois Mark estava fora da cidade o dia todo trabalhando e, dessa maneira, nenhum porteiro jamais desconfiaria. Dave e eu nos presenteamos tardes demasiadamente eróticas, coisa que nem ele e nem eu tínhamos em nossos casamentos. Dávamo-nos bastante bem, éramos diretos um com o outro, e ele era muito bom, sexualmente falando. Acho que a Christina deixou o marido com tesão acumulado por uns bons anos. Não me orgulho de como nossa narrativa se desvendou, pois fomos descobertos logo no primeiro mês. Eu sabia que tudo aquilo não iria longe e sabia também que Dave jamais se divorciaria de Christina pelo tipo de acordo pré-nupcial que eles mantinham. O jovem esfaimado e ambicioso empresário teria que deixar a metade de seus bens, de seu dinheiro e de seu negócio para a sua madame.

    Dave era um cara que sabia fazer dinheiro, mas acho que se desviou quando casou com a dondoca da Christina. Ele sempre julgou que ela era daquelas mulheres que priorizariam a família e que jamais o trairia. Não obstante, Dave omitiu para ele mesmo que ele poderia vir a perder o interesse por ela. E foi exatamente o que incidiu. Ele ponderava que o pacto jamais teria que ser validado, pois Dave sabia que sua esposa não o abandonaria, não o trairia, não o machucaria sob nenhuma circunstância. O contrário ocorreu, no entanto.

    Eu voltei ao Rio no mesmo mês em que toda essa trama ocorreu; apesar de me sentir bem atraída pelo Dave, não cabia a mim esse emaranhado de mentiras. O Mark já encaminhou nosso divórcio, o qual será um tanto complicado, uma vez que moramos em países distantes. Quanto a Dave e Christina, não sei o que aconteceu. No final dessa história toda, ele deve acabar voltando para ela pelo simples fato da praticidade. Praticidade de ter uma casa para morar. Praticidade de não ter que procurar por alguém para começar uma vida a dois novamente. Praticidade de ter se casado com uma mulher bonita e inteligente. O ponto fraco dela? Ser uma dondoca completa, mas quem não tem um aspecto negativo a seu favor? Não é motivo suficiente? Há mais um: não precisar dividir a riqueza dele em dois.

MARCELA

Não há quem seja de Porto Alegre e não conheça a história e as proezas da minha família. Meu pai foi um dos mais conhecidos advogados da cidade, famosa por seus badalados bares e gente bonita. Éramos donos de uma mansão colossal de lá, a qual ocupava uma quadra inteira no bairro mais requintado. Era a mansão mais comentada e requisitada de Porto Alegre, até uma cascata tínhamos. Havia seis suítes, três salas de estar, duas de jantar, churrasqueira com salão de festas, pátio com piscina e até um campo de futebol.

Meu pai adquiriu toda essa riqueza com o fruto do trabalho dele, mas não foi da maneira mais honesta. Ele era um dos advogados mais cobiçados de uma renomada firma de advocacia que caçava executivos de alto cacife que haviam sido demitidos, para exortar suas empresas a pagarem milhões de indenização, mesmo que não merecessem. Todos sabiam, nunca, porém, fora flagrado. Ele trabalhou na firma por muitos anos, os quais nós chamamos de "época das vacas gordas". Depois dos tempos da firma, ele investiu em bingos. Os bingos não eram o que realmente lhe rendiam dinheiro e, sim, as máquinas conhecidas por caça-níquel. Ele comprou em torno de cem máquinas e as espalhou em seus vários bingos, distribuídos em outras localidades do Rio Grande do Sul.

Meu pai nunca se importou que todos soubessem que sua fortuna não provinha de fontes limpas. Ele jamais pareceu se incomodar com o fato de que seus três filhos – eu, Manuela e Jorge – tinham conhecimento de suas fraudes. E foi com esse exemplo em casa que me envolvi em grande confusão e acabei na prisão.

Sempre fui um pouco acima do peso e um tanto mais volumosa do que minha irmã bailarina, Manuela. Não foi uma ocasião somente em que os amigos da minha irmã mais nova e mais bonita do que eu me confundiram com nossa mãe. O lastimável ocorrido deu-se na festa de formatura dela, na nossa própria mansão. Eu não conhecia seus colegas de trabalho e quando apareci no jardim para cumprimentá-los, um rapaz, muito gentil e um pouco afeminado, veio parabenizar-me pela filha. Foi um embaraço tanto para mim quanto para o meigo jovem. Aquela troca fez com que meus nervos saltitassem sobre toda minha pele e face e meu coração saltasse fortemente contra meu peito. Eu sabia que minha irmã era mais magra e bem mais atraente do que eu, mas me confundir com nossa mãe foi como uma grotesca ofensa.

A outra vez acontecera anos antes, quando viajamos as duas para o Nordeste. Meu pai tinha nos presenteado de Natal uma semana em um resort de cinco estrelas em uma praia chamada Arraial d'Ajuda. Estávamos em um bar, tomando coloridos coquetéis de frutas, e um homem aproximou-se de nós. O primeiro – e único – elogio do detestável turista foi perguntar como uma mãe era tão bela quanto à filha. Meu coração saltou forte novamente e mais uma vez me senti ofendida pela beleza realçada de minha irmã.

E assim foi vasta parte madura da minha juventude: os homens me confundiam com minha mãe, que, na verdade, não se parecia nada comigo. Ou melhor, eu não me parecia com ela. Minha mãe era morena, eu era loira. Ela era magra, eu estava compilada no grupo das gordinhas. Ela era linda quando jovem, eu estava mais para bonitinha. Até que resolvi mudar o quadro. Decidi fazer um restrito regime com uma nutricionista, passei muitas horas na academia e assim perdi bons quilos. Levei um pouco menos de um ano para perder peso, mas perdi. Já estava com trinta e quatro anos e nunca me sentira tão bem quando alcancei os cinquenta e oito quilos. Dei um novo visual para meu cabelo, renovei o guarda-roupa e nunca experimentei uma fase tão boa da minha vida. Agora eu podia ser considerada uma mulher bonita. Entretanto, em um aniversário de Jorge, em que eu fumava um cigarro acompanhada de um calmo senso de serenidade na entrada de nossa mansão, um de seus amigos confundiu-me com minha mãe mais uma vez, mesmo com toda aquela mudança física. Apresentou-me para um de seus camaradas como se eu fosse a "tia Regina". Dessa vez não foi só o coração que se rebateu forte dentro do peito. O estômago também se contorceu.

Além desses incidentes marginais, teve ainda o suicídio da minha mãe. Minha mãe sempre foi a Maria Regina Castanha da Rocha. Nome conhecido, mulher notória, casada com advogado popular. Eles formaram um casal muito atrativo enquanto ainda jovens. Sempre com uma presença acentuada em festas e jantares, eram belos e riquíssimos. Ofereciam banquetes em nossa casa quase semanalmente e frequentemente apareciam nas colunas sociais de Porto Alegre. Minha mãe, contudo, era bonita somente nas aparências. Em casa, ela agia como uma ininterrupta bêbada. Eu não percebi que ela era alcoólatra até os meus dezessete anos, quando vi uma cena de bebedeira, gritos e ataques ao meu pai. Ela não era das piores, mas em casa passava o dia todo para lá e para cá com um copo de whisky na mão. Pela manhã tomava whisky e suco de laranja; pela tarde, whisky e Coca-Cola; e quando aguentava, à noite, servia-o puro. Ela não era das piores porque dormia depois de se embebedar e, assim, nunca a víamos realmente bêbada.

    Minha mãe, além de seu cúmplice copo em uma mão e um cigarro na outra, passava o dia desarrumada e despenteada. Vestia calças de abrigo com escritos dourados ou prateados juntamente com camisas amassadas, usava o cabelo preso com uma longa franja solta e vários fios perdidos pela cabeça, e sempre um punhado de joias que meu pai havia lhe dado. Assim mesmo, ela conseguia ser bonita. Ela era tão sensual que, mesmo não arrumada, ela conseguia ter o título da mulher mais sexy da cidade. Minha mãe mandava e desmandava em suas empregadas, que faziam rodízio lá em casa. Nenhuma trabalhava conosco por mais de três ou quatro meses. Elas a detestavam, pois só o que ela sabia fazer era mandar nos outros, inclusive no meu pai, que, para sua sorte, era insanamente apaixonado por ela desde suas infâncias. As empregadas suportavam trabalhar em nossa casa por mais de uma semana por que meu pai as pagava muito bem. Era o preço para trabalhar para uma mulher como a desequilibrada da minha mãe.

    O que faltou na ríspida vida de minha mãe foi um emprego. Trabalhar ocupa a mente e não deixa as pessoas fúteis e neuróticas. Minha mãe ocupou-se com os três filhos enquanto éramos crianças mas, na adolescência, cada um percorreu sua trilha. A Manuela sempre foi bailarina. Dançou desde pequena e com dezesseis anos mudou-se para Santa Catarina para fazer parte de uma escola de dança em Joinville, onde acabou o ensino médio. Meu pai comprou um apartamento para ela e dava uma mesada para seus gastos, que não eram altos. Manuela sempre foi a filha decente e extremamente disciplinada.

Jorge queria viajar o mundo e, dessa forma, nunca permaneceu muito tempo em casa. Morava em Porto Alegre por um ano, no outro ia morar em um país e aprender sua língua e seus costumes. Morou em Londres, Roma, Berlim e Amsterdam. Ele teve ampla participação nos anos insanos de nossa mãe por ser o filho mais velho. Talvez, por isso, tenha viajado tanto. Quanto a mim, engravidei do Joaquim no meio dessa época conturbada de minha mãe. Ele foi produto de uma noite de muito vinho e uma camisinha furada entre eu e meu namorado da época, o Maurício. O Maurício era um roqueiro que gostava de tocar sua guitarra e viver a vida sem planos definidos. Ele era um cara descontraído, frequentava nossa casa e passava horas com meu pai tomando cerveja e comendo churrasco. Apesar de meu pai não querê-lo como seu genro, ele não se importava com o fato de nós namorarmos. Meu pai nunca pensou que o Maurício fosse o tipo que teria esposa para cuidar e sustentar. Era muito desapegado e solto para casar-se e construir uma família. Assim, tornaram-se melhores amigos.

Eu tinha vinte e cinco anos quando engravidei. Estávamos no apartamento do Maurício jantando com amigos e bebendo vinho. Quando os convidados foram embora, continuamos tomando vinho e bebemos por umas cinco horas seguidas. Entorpecidos, transamos no sofá da sala e depois na mesa de jantar. O Maurício podia ser um punk louco, mas era cuidadosamente delicado comigo. O apartamento dele era típico de um homem solteiro, e eu sempre levava uns agrados. Velas, porta-retratos com fotos nossas, almofadas coloridas, entre outros presentinhos.

Ficamos ali por horas. Transamos, bebemos, conversamos, fumamos uns cigarros, um baseado e, em uma das transas da noite, a camisinha estourou. Não percebemos na hora, só notei no dia seguinte, quando fui urinar e tinha um pedaço de plástico de camisinha saindo de dentro de mim. Repugnância. Fiquei com nojo daquele plástico, mas nem pensei na chance de engravidar.

Um mês e meio depois, como minha menstruação não descia, visitei meu ginecologista, fiz exames e, em menos de uma semana, eu já tinha o resultado: estava grávida. Não sabia para quem eu deveria falar primeiramente, se seria minha mãe, meu pai ou o Maurício. Foi para o pai do bebê que resolvi revelar o acontecimento. Dávamo-nos calmamente bem e ele também tinha uma ótima relação com meu pai, porém eu sabia que essa relação era como era porque ele não passava de meu namorado. Namorar é uma coisa, engravidar alguém e ter um filho junto acompanhado de um milhão de responsabilidades, é outra. Eu sabia que o Maurício não constituía o tipo paizão ou que me acompanharia em exames médicos e consultas. Porém, em momento algum, deixei-me aterrorizar, meu pai me apoiaria, não só psicologicamente, como financeiramente.

Contei ao Maurício e as palavras deles foram: "Bá guria, tu não tá pensando em ter esse bacuri, né?". Nem me surpreendi. Confessei-lhe que não sabia ainda o que faria, mas que eu resolveria junto ao meu pai. Creio que foi nessa época que minha mãe começou a perder o interesse pela vida. Não por eu estar grávida, mas por eu ter ido primeiramente procurar o meu santo pai por ajuda. A sinopse da conversa com meu pai foi a de que eu, e somente eu, podia julgar querer ser mãe ou não e então tomar uma decisão. Eu pensei, refleti e meditei. Puxa vida, eu tinha vinte e cinco anos de idade, era nova, mas não uma retardada qualquer. Eu podia ser mãe. Eu queria ser mãe. E foi o que eu fiz. Claro que apenas aceitei gerar esse filho porque estava cônscia de que meu pai me sustentaria em qualquer situação. Dinheiro era algo que não seria problemático para nós. Ao menos naquela época, não imaginávamos como seriam os anos seguintes.

Tive o Joaquim com o consentimento integral de meu pai, que queria mesmo era ser avô, e parcial de minha mãe. A única parte dessa história que chateou minha mãe foi a de eu ter ido buscar conselho com meu pai inicialmente, e só depois com ela. Mas isso passou e, após sete meses e meio, eu estava com o Joaquim nos braços. O Maurício já não morava mais em Porto Alegre, estava tocando em uma banda em São Paulo. Ele via, entretanto, o filho com constância, mas não ajudava na parte financeira. Eu não tinha coragem de pedir dinheiro a ele, um artista em busca de sucesso, enquanto meu pai era o homem mais rico da cidade. O Joaquim teve tudo que podia ter. Estudou em um dos melhores colégios de Porto Alegre, tinha somente roupas de marca, ganhava todos os presentes que pedia, videogames e foi para Disney duas vezes antes de completar dez anos.

Minha mãe, que dava a ele tudo que ele cobiçava, melhorou em relação à bebida depois do nascimento dele. Ela o cuidou como nunca cuidou de nós e dedicou-se a ele inteiramente. Eu me formei na faculdade de Administração de Empresas depois do nascimento do meu filho, o que custou ao meu pai bastante dinheiro. Não comecei a trabalhar, uma vez que eu queria ficar em casa cuidando do Joaquim. Morava com meus pais e tinha aquele ingênuo pensamento de por que sair de uma mansão em que se pode ter tudo? Tudo, inclusive a minha mãe.

Nosso dia a dia foi se tornando, pouco a pouco, um infernal martírio. Não que minha mãe ainda bebesse, mas pelo fato de ela também querer agir como uma mãe para o Joaquim e eu não concordar perturbou bastante sua demente cabeça. Eu aceitei toda a educação que ela queria oferecer ao meu filho, mas eu também queria um tanto de privacidade com ele, e ela não nos dava. Não a proibia de ficar conosco, mas o dia todo, os sete dias da semana no mês inteiro, eu não suportava. Ela começou a sentir-se ignorada na sua própria casa e pediu-me que eu e meu filho saíssemos. Meu pai não permitiu tal demanda e não admitiu, para o próprio bem dela, pois ele sabia que ela não suportaria viver longe do neto. Após alguns meses recebendo mesada de meu pai, comecei a trabalhar porque queria sustentar meu próprio filho. Consegui um trabalho em um de nossos bingos. Eu era a gerente do turno da noite, assim podia passar as manhãs dormindo, enquanto Joaquim estava na escola, e as tardes com ele. Isso funcionou por uns dois anos, até eu conhecer o Rogério.

O Rogério é o homem por quem eu deveria ter rezado e pedido a Deus para não o ter deixado se aproximar de mim. Foi devido a ele que agora resido na penitenciária feminina de Porto Alegre, numa cela em que não há espaço nem cama para todas as mulheres que estão encarceradas nela, então fazemos rodízio de quatro em quatro horas para podermos dormir. Habito um lugar onde o tempo não passa. São horas e horas tentando manter a sanidade. O início da manhã é a pior parte de todas, pois sei que ainda há o dia inteiro pela frente neste lugar horripilantemente desumano. Acordo de uma noite mal dormida e tenho que me direcionar diretamente ao banheiro, onde espero em uma alongada e vagarosa fila pelos precários e escassos vasos sanitários. Quando finalmente os vejo, já se encontram imundos, todos mijados, quando não estão cobertos de fezes.

Papel higiênico, quando tem, está molhado no chão. É animalesco. Após a hora do banheiro, direciono-me à cafeteria, onde servem um café aguado com um pão cacetinho. O café é servido às sete horas e quarenta e cinco minutos da manhã porque às oito horas podemos permanecer de duas a três horas no sol, ao lado de fora. Essa é minha hora preferida do dia. Minha cabeça esvazia, pois não tenho que pensar em mulheres imundas tentando me atiçar, o banheiro sujo que tenho que enfrentar ou o dia longo que terei pela frente. O momento do sol, como o chamo, é o período em que fecho meus olhos, com o rosto virado para os raios de luz, e a paz que me preenche é tão agradável que chego a dormir. Depois de dormir somente quatro horas por noite, o sono matinal é a minha parte do dia favorita. Geralmente, sonho com o Joaquim ou com meus irmãos ou com meu pai. Jamais sonho com as presidiárias ou com minha mãe.

No meio da manhã, podemos praticar algum esporte no pátio da prisão ou trabalhar em artesanato e, depois de tais atividades, todas têm que trabalhar. Umas limpam as celas; outras, os banheiros; outras, a cafeteira; outras, a cozinha, e outras cozinham. Confesso que assim o tempo passa mais ligeiramente. Hora do almoço, que é preparado pelas próprias presas, e depois hora da limpeza novamente. Assim descrevendo, a prisão parece ser o lugar mais limpo do mundo, mas não é. São centenas de mulheres para sujá-lo rapidamente. Quando entra uma novata, de tão nervosa, ejacula vômito pela boca no chão por onde passamos. São inúmeras mulheres para tornar este local um pesadelo. E essas mulheres são os piores indivíduos da cidade, exceto a tia Lia, a Carmela e a Ariele.

A tia Lia, coitada, acabou matando o marido com uma faca de cozinha de tanto que ele a espancava e terminou encarcerada. Boa pessoa, a velhinha está aqui há quatorze anos. Ela faz parte da equipe que cozinha e tenho que confessar que o almoço do presídio não é tão ruim devido à mão mestra da tia Lia. Ela repete constantemente para nós que a prisão não é o pior lugar em que se pode viver. Ninguém zoa com a tia Lia, todas a respeitam e acredito que muitas, talvez as mais novas, a veem como uma espécie de mãe. Ela nos dá conselhos, cozinha para nós, explica-nos receitas e tem interessantes perspectivas de vida para uma presidiária. A perspectiva de vida de uma pessoa muda imensamente depois de uns tempos na cadeia. São horas tentando evitar desordem, pois sempre há um mau-caráter tentando conseguir briga; são dias tentando fazer com que o tempo passe velozmente e a mente e o corpo se mantenham sadios. A gente vê coisa que não quer ver, ouve coisa que não era para ouvir e passa por situações que não terão como ser esquecidas do lado de fora.

 O lado lá de fora. Conheci o Rogério em um bar em Porto Alegre. Não era um dos recintos que eu frequentaria usualmente, mas fui com uma colega do bingo, a Clô. Eu sabia que boa pinta ela não parecia ser, mas achei que uma saída com ela não faria mal a ninguém. Deixei o Joaquim, que já estava com nove anos, na casa de meus pais, e a busquei para irmos ao tal bar, o TáBomBom. A Clô deve ter me convidado porque sabia que eu tinha carro. Não creio que ela realmente queria uma amiga com o meu nível. O bar estava bom, como o nome sugeria. Era um local de pagode, e o Rogério era frequentador assíduo do ponto. Ele conhecia a Clô e veio diretamente em nossa direção falar conosco. Despertou-me o interesse por ele naquele instante, pois a Clô havia me dito que ele era solteiro. Ficamos juntos naquela primeira noite, pois não resisti a ele, e dormi na casa dele. Ele morava num barracão. Era uma casa meio caindo aos pedaços, num bairro bem pobre, mas tinha algo que me fez viciar nele. Quanto ao sexo, o melhor de todos. Meu Deus, o homem sabia pegar uma mulher de jeito. O Rogério é daqueles homens bem grosseiros, que dá tapinha na bunda das mulheres na frente dos outros e diz: "Vai lá, minha nega". Grosso, grosso, grosso. Não sabia nem comer, vivia com palitos no meio dos dentes e, quanto à sua profissão, era bicheiro.

 Namoramos um mês e praticamente me mudei para a casa dele. Eu não sei qual feitiço, macumba ou praga que me rogaram, mas eu desenvolvi uma fixação por aquele homem de origem tão distinta da minha. Ele me arrancava do meu equilíbrio. Entreguei meu apartamento alugado para o dono, mandei o Joaquim para casa dos meus pais e deixei o bingo. Eu desejava trabalhar com ele. "Gata, o jogo dá muito mais grana e mulher minha não é sustentada pelo papai, e sim pelo seu homem", exortava ele. Foi assim que saí do meio sujo de meu pai e entrei para o meio sórdido e vicioso do Rogério. A única diferença entre os dois era que meu pai tinha bingos visitados por velhinhas e, com isso, sua cara estava limpa. As máquinas de caça-dinheiro estavam espalhadas e não havia como saber que pertenciam a ele. Já o Rogério era homem de não querer se esconder, andava armado e queria que todo mundo soubesse que ele era o cara que mandava.

    Aproximadamente quatro meses depois de me mudar para a casa dele, o Rogério começou a perder dinheiro com o jogo e deu início a grupos de assaltos. Quando fiquei a par da situação, sabia que não resultaria em boa coisa, mas eu era tão viciada naquele homem que nem cogitei a ideia de abandoná-lo. E foi em um desses assaltos que eu perdi minha liberdade. Eu não participava das tais "atividades", o Rogério não permitia algo assim. Porém, numa terça-feira, um grupo ficou desfalcado por causa de uma integrante, a Viviane. A Viviane era uma ex-namorada do Rogério que sempre me dava o maior trabalho. Ela era louca por ele, mas ele não queria mais transar com ela. Dizia que a "boceta dessa mina tinha expirado". E ela não era de confiança, evidentemente. Em mulher apaixonada, não se pode confiar. Mas ela era boa em assaltos, roubar era seu talento e escapar, sua maior dádiva.

    Naquele dia, a Viviane tinha feito um aborto de fundo de quintal e sangrava muito. Tinha gente para cuidar dela, mas de casa, ela não sairia. Foi assim que eu entrei na jogada. Era uma loja bem luxuosa, Path, numa das ruas mais requintadas da cidade, que iríamos assaltar com motos e armas na cintura. Naquela época, não havia seguranças dentro das lojas. Ninguém deveria atirar, a não ser que fosse baleado. A ordem era entrar, aproximar-se do caixa, mostrar a arma discretamente por baixo da jaqueta, pedir o dinheiro do caixa e cair fora. No cair fora eu encontrei meu fim. Terminei com os meus trinta e quatro anos de vida enjaulados em uma cela com várias outras mulheres sobre as quais eu já contei. Havia um carro de polícia vindo logo atrás, os guardas perceberam um movimento não usual e nos seguiram. Quem estava dirigindo a moto era o Raul, e ele perdeu o controle em uma esquina e ambos caímos. Caímos em todos os sentidos. Não caímos somente da motocicleta, mas também de todo nosso esquema, dos assaltos, dos grupos do Rogério, dos jogos, de tudo. Minha história acabou por ali, no chão de uma movimentada esquina de Porto Alegre, com três policiais me algemando.

    Na delegacia, mais tarde, Raul e eu tivemos que depor e não conseguimos proteger os outros membros da quadrilha. Naquela morna manhã de terça-feira, dia 9 de novembro de 2004, ultimei com a Marcela Castanha da Rocha. Terminei com ela porque nunca mais vou ser a mesma depois disso. Uma mulher que pertenceu à minha classe social, com a educação que eu tive e com a família em que eu cresci, jamais conseguirá ser a mesma depois de residir numa penitenciária.

Uma penitenciária. Eu residia agora em uma penitenciária. Além da tia Lia, tinha também a Carmela na minha cela. A Carmela era ótima. Sempre de alto astral, espontânea, falava alto e tudo que pensava. Mas tudo. Não sabia guardar uma opinião para si e ainda era muito julgadora. Acabou no cárcere pelo temperamento esquentado que tinha, não sabia relevar as grosserias dos outros e acabava absorvendo tudo para si. Acabou, num momento de muita raiva e exaltação, atropelando uma vizinha da qual não gostava nem um pouco. A vizinha não chegou a se machucar tanto, mas ela, sem cinto de segurança, bateu a cara todinha no volante. Ficou toda roxa e acabou processada pela vizinha, que tampouco gostava dela. Escapou. Responsabilizou o condomínio pelo tal atropelamento, devido aos consertos na rua, e acabou se safando. Meses depois, em outro momento de raiva, agora mais atordoado, atropelou a vizinha novamente. Dessa vez, não se safou.

Havia ainda a Ariele. A Ariele era nossa quarta colega de cela, entre muitas outras, e estava lá pela doença que trazia com ela: sofria de cleptomania. Roubou a infância e adolescência inteiras, sempre sendo absolvida de uma forma ou de outra. Porto Alegre, cidade que os endinheirados se esquivam sempre. Todavia, quando os pais morreram, não havia quem pudesse absolver a queridinha do furto. Acabou como eu. Ao menos, seus pais não viram o que o futuro antevia para a filha, ao contrário de meu pai.

O meu pai, envergonhado, chegou a colocar uma nota de perdão em um dos jornais da cidade, desculpando-se por eu ter me influenciado por ladrões. Claro que, segundo sua nota, eu não tinha responsabilidade nenhuma do roubo e, sim, os outros. Para meu pai, eram sempre os outros. Os outros são os culpados, o que os outros vão pensar, o que os outros vão dizer. Mas meu pai não pensou nisso quando fez executivos de alto padrão mentirem para arranjarem altíssimas indenizações.

A Manuela nunca mais voltou à nossa cidade depois disso. Ela não teve coragem de aceitar que a sua irmã mais velha, tão confundida com sua mãe, havia tido esse fim. Mesmo quando eu sair da cadeia, eu duvido que ela venha me visitar. O Jorge vem me ver e sempre que vem me traz comidinhas, docinhos e cigarros. Quanto à minha mãe, bem, ainda resta o episódio do suicídio de minha mãe. Minha mãe, com tudo isso, voltou a beber, claro. Os pais sempre se culpam se algo dá errado com seus filhos. Ela não era uma mulher muito forte para conseguir lidar com toda essa nova situação de moça de família presa por assalto sem o álcool. Mas para ela, isso não foi o pior. O Maurício, quando soube da minha prisão, o assalto, os bicheiros e a quadrilha de marginais com a qual havia me envolvido, entrou na Justiça e solicitou a guarda do Joaquim. Ele havia registrado o filho, só não o sustentava. Como ele já tinha conquistado uma carreira de músico bem sólida nessas alturas, não foi difícil obter a guarda do filho com uma mãe presidiária.

    Minha mãe não suportou a perda do neto. Poucos meses depois de que eu havia sido presa, o Joaquim foi morar com o pai, em São Paulo, no ano seguinte. Não tolerando a dor, a lendária Maria Regina Castanha da Rocha tomou veneno para ratos, um frasco de remédios e uma garrafa inteira de vodca. Não controlada a dose, morreu duas horas depois de chegar ao hospital. Ela havia se trancado em seu banheiro, enchido a banheira com espuma e lá terminou com os seus tristes dias. A parte macarrônica desta história é que eu me sinto responsável pela situação completa, principalmente pelo suicídio da minha mãe. Tenho certeza, no entanto, que ela se suicidou porque se achava responsável por tudo o que aconteceu comigo, com o Joaquim ou com meus irmãos. Ambas estamos pagando pelos nossos erros. Ela, em algum lugar do além, eu, neste casulo horroroso.

CHRISTA

Vivo em Londres há quatorze e também os mais felizes anos da minha vida. Adotei a Inglaterra como minha pátria, pois é um país que valoriza a liberdade. As mulheres ocidentais deveriam ser profundamente gratas à liberdade que dispõem. Liberdade é minha palavra favorita. *Freedom*. Não existe palavra mais bonita do que essa.

Nasci em Cabul, no Afeganistão. O Afeganistão é um país silenciosamente envelhecido, onde os ruídos vibram fortemente dentro do peito de cada um, em que geração após geração vive como um castigo. Um castigo emudecido. Os homens afegãos são vorazmente gulosos, e as mulheres, suculentas, mas têm sua beleza oriental amarrotada dentro de suas burcas, afogadas em ódio e esperança de encontrar algo que nada se pareça com aquilo que vivem dia após dia, durante toda a sua existência.

Sou a segunda filha entre cinco irmãos de uma mãe. Meu pai se casou duas vezes, como de costume em nosso país, e teve mais três filhos. Os povos são realmente muito diferentes ao redor desse nosso imenso mundo. Eu conheci esposas de homens que mantinham outras mulheres fora de seus casamentos na Inglaterra. Esse costume aqui é, no entanto, visto como um aspecto negativo e deve ser escondido. Já no Afeganistão é interpretado como uma prática natural, da qual muitas mulheres gostam porque não precisam se dedicar integralmente aos seus maridos. Outras odeiam. Frágeis e quebradiças como cristal, as mulheres nada podem fazer em relação aos múltiplos casamentos ou a qualquer assunto além da comida e limpeza da casa.

Minha mãe foi a primeira esposa de meu pai. Casaram-se ainda jovens, como ditam os tradicionais rituais de casamento da cultura afegã. O noivo e a noiva não podem se olhar até o dia do seu casamento e, ainda, quando se olham, deve ser através de um espelho. Quem elege a noiva é alguma mulher da família do noivo, geralmente a mãe, mas em caso de falecimento ou impossibilidade, é uma das irmãs ou tias do noivo. Minha tia que escolheu minha mãe para meu pai. Foi ela quem frequentou a casa de meu avô para conhecer sua família e pedir-lhe a mão de sua filha.

Meu avô não ponderou muito para casar minha mãe, pois quanto mais velha torna-se a mulher afegã, mais custosa é a obrigação para casá-la e meu avô não queria enfrentar tal problema. Mulheres jovens têm muitos pretendentes, mas mulheres mais velhas que não apresentam habilidades na casa ou na cozinha, não se casam facilmente. Assim, minha mãe se casou com meu pai ainda jovem, com dezesseis anos de idade, e teve minha irmã, Laila, um ano depois de casada. Sorte de minha mãe que engravidou imediatamente, azar que não foi de um menino. As famílias afegãs mostram preferência sempre por um menino. Querem meninas, mas não como o primeiro filho. Depois de Laila, nasci eu. Meu pai deve ter batido muito em minha mãe por não lhe ter gerado um menino como segundo filho. Finalmente, nasceu Hassan, alegria de meu pai, e também de minha mãe, por enfim ter dado ao meu pai um filho homem. Depois de Hassan só vieram meninos: o Tarik e o Iqbal. Minha mãe era corajosa. Teve cinco filhos nas terríveis condições do Afeganistão, país miserável e maldito.

Laila e eu, desde pequenas, limpávamos a casa, cozinhávamos e lavávamos as roupas de nós sete. Os meus irmãos trabalhavam com meu pai, que era proprietário de uma loja de tecidos e fazendas. Mas como o negócio têxtil não era suficiente para sustentar uma família de sete pessoas, meus irmãos vendiam outras mercadorias na rua. Comercializavam de tudo: comida, cartões, livros, sapatos e até esmaltes e maquiagens ilegais eles chegaram a vender. Com as cinco gravidezes e com o fato de ter que suportar meu pai, minha mãe envelheceu e engordou. Era uma pessoa boa, queria que seus filhos estudassem e fossem letrados. Até matriculou-nos em cursos de datilografia e inglês quando o regime talibã viu sua "queda" e era permitido que meninas estudassem. Ela sempre conseguia livros para lermos, mesmo quando eles não podiam ser lidos no Afeganistão.

Ela se considerava uma pessoa ignorante, mas não queria que seus filhos também o fossem. Minha mãe implorou para que meu pai permitisse um irmão dela nos ensinar a ler e escrever quando éramos pequenos. Assim, da mesma forma que devo ao meu tio a pequena sabedoria em ler e escrever de que disponho, devo minha liberdade à minha mãe, que me ensinou a querer mais e não me contentar em ser somente uma esposa, como a maioria das mulheres que têm suas mãos vazias naquele país enclausurado que se chama Afeganistão.

Meu pai se casou pela segunda vez, já que minha macilenta mãe não era mais aquela jovem vibrante e ágil. Eu sentia imensa raiva de meu pai e de qualquer afegão que se cansa da primeira esposa depois de ela ter-lhe dado um punhado de filhos e que se casa novamente. A segunda esposa do meu pai, Farah, tinha vinte e um anos, considerada relativamente velha para casamento na cultura afegã, quando se casou com ele. Minha mãe estava para completar trinta anos quando eles se casaram e tinha que respeitar a nova e mais jovem esposa de meu pai, assim como nós. Farah deu a meu pai três filhos homens, Kadim, Said e Amir. Com a nova família, éramos onze dentro da mesma casa. Meu pai e Farah dormiam no mesmo quarto, os três filhos de segundo casamento dormiam em outro quarto, e eu, Laila, mamãe e os meus três irmãos, em outro. Era tangível a dor de mamãe quando meu pai se casou pela segunda vez.

Minha mãe já estava obesa, mas com o casamento de meu pai e de Farah, ela veio a perder qualquer sinal de feminilidade e vaidade. Ela não queria mais nem sair de casa. Ficava o dia todo lá dentro, entre os livros que havia nos comprado ao longo de nossas vidas. Farah não era tão ruim. Não implicava com a primeira esposa de meu pai e nem com os filhos. Os meus irmãos que implicavam com ela. Ela ajudava na casa e limpava o quarto dos filhos dela. O problema de minha casa nunca foram as mulheres, mas os homens. Meu pai era o característico homem afegão, que não aceitava ser contestado e que demandava tudo ao seu modo. Os meus irmãos eram uma combinação da meiga bondade de minha mãe com as amoláveis manias de meu pai. Quanto mais velhos eles ficavam, mais parecidos com meu pai se tornavam.

Já os filhos de Farah herdaram os defeitos de meu pai em todos os sentidos. Eram gananciosos, queriam fazer muito dinheiro e ansiavam se casar com mulheres bonitas e jovens para que elas lhe dessem filhos homens e cuidassem da casa e da família. A minha situação tornou-se intolerável quando Laila se casou. Casada, Laila deixou nossa casa e todas as tarefas do dia a dia caíram sobre mim. Eu tinha que fazer o café da manhã e jantar para dez pessoas diariamente, varrer e esfregar o chão centenas de vezes por dia, limpar o resto da casa, lavar todas as roupas e, ainda, cuidar de minha mãe, que estava cada vez mais obesa e incapacitada de qualquer afazer na casa. Farah até que me ajudava um pouco, mas meu pai a queria bem descansada para servi-lo à noite. Eu só pensava em me casar para que eu pudesse construir minha própria família, a qual não seria maior do que um marido e dois filhos.

Aproximadamente um ano depois de Laila se casar, arranjaram-me um pretendente. Khaled era jovem e bonito. Eu já o tinha visto algumas vezes em minha casa, pois minha mãe encontrara um jeito para que eu o visse e não me casasse sem ver o rosto de meu próprio marido. Aparentemente, era um rapaz decente, mas não podíamos saber por certo, pois sua casa era distante da nossa, e ele não a frequentava muito. Não levou muito tempo para nosso casamento realizar-se. Khaled era filho de um conhecido de meu pai que morava em outra cidade e vinha até Cabul para comprar objetos de sua loja. Eu estava ciente de que, ao me casar com ele, eu não conviveria tanto com minha família, pois eles moravam a pouco mais de cem quilômetros de Cabul. *Ya 'iilhi* não me importei. A única coisa que me chateava era não ver minha mãe constantemente, mas quem sabe ela poderia ir a morar conosco no futuro.

Casei-me e meu calvário presenciou seu início. Khaled era um homem terrível. Não tinha paciência comigo e era um verdadeiro torturador. Eu engravidei no quarto mês de casamento, mas perdi meu filho de tanto pânico e tensão em que eu vivia. Tudo tinha que ser no horário certo e do jeito dele. O café da manhã tinha de estar pronto todos os dias às seis da manhã, quando ele acordava e ia trabalhar. Khaled trabalhava com o pai, dono de um pequeno mercado. Uma manhã em que eu estava doente e tinha uma forte dor de cabeça, não consegui me levantar para lhe preparar o café. Ele me espancou no rosto com uma colher de pau.

Recordo-me vivamente de um episódio no qual a carne de frango que cozinhei para o jantar havia ficado dura e ele começou a gritar ferozmente comigo, dizendo que não adiantava nada ser bonita e burra como eu era. Admirei-me que ele se limitou somente a gritos naquela noite. Contudo eu estava errada. Acordei no meio da noite coberta de pavor, suor, falta de ar e tosses, com frango engasgado em minha boca até a garganta. Ele me fez comer um pedaço abissal de carne crua para eu aprender o conceito de carne macia.

Assim foi por mais dois anos. Eu engravidava, mas perdia o bebê de tanto horror que eu vivia naquela casa. Creio que eu mesma estava matando os meus filhos que ainda não tinham nascido para evitar que eles vivessem em um ambiente como aquele. Era uma tortura constante. Quando Khaled sabia de mais um filho morto, espancava-me por horas e horas. Até vir a pior e última de suas torturas, em que ele chegou a enfiar um objeto de cozinha na minha vagina, para ver o que tinha dentro de mim que matava todos os nossos filhos. Sangrei por horas e tive que ir a um hospital, algo que não era fácil para uma mulher afegã. Ele não quis me levar, mas consegui que minha vizinha, Latifa, me ajudasse.

Latifa era casada com Omar. Esse era um marido bom. Não que fosse o melhor homem do Afeganistão, mas amava e respeitava sua esposa e faria tudo que ela o pedisse. Omar e Latifa levaram-me ao hospital, onde dois enfermeiros costuraram-me. Dirigiram-me para a cidade de minha mãe e meus irmãos no outro dia, temendo o que ia acontecer depois daquilo. Eles e minha família ficaram horrorizados com o que Khaled havia feito comigo, mas como bons afegãos, acharam que eu deveria doar mais de mim ao meu casamento e fazer com que meu marido ficasse feliz e satisfeito. Sugeriram-me umas ervas para ajudar a fecundar. Eu desvairei quando ouvi aquilo de minha própria família. Meus irmãos e minha mãe (tenho certeza de que era apenas aparência por parte dela) queriam que eu continuasse à mercê de um torturador. Eles tentaram me fazer ver que eu ainda podia vir a amar meu marido. Eu não sentia nada além de desprezo e repulsa por aquela figura arrepiante que, para mim, era apenas dono de um vulto. Assim que eu o via, não como uma pessoa humana, mas apenas uma forma a me perseguir. Não aceitei. Eu preferia a morte a voltar a viver com aquele homem horroroso. Mencionei o divórcio.

O divórcio no Afeganistão é assunto que não pode ser discutido. É inconcebível uma mulher abandonar seu marido. Por pior que ele a trate, essa possibilidade não deve existir. Foi quando meu irmão mais velho, Hassan, sugeriu que eu fosse morar com uns primos nossos longe de Cabul, em Sar-e-Pul. Eu não os conhecia, mas qualquer vida seria melhor do que a minha com Khaled. Em seguida, Hassan implicou que a ida para as regiões montanhosas de Sar-e-Pul levaria alguns dias ou semanas e eu teria que voltar para a casa de meu marido. Eu gritei de pânico e terror que para lá eu não podia voltar, pois se voltasse, Khaled matar-me-ia. Uma ideia então abraçou Hassan: eu deveria passar-me por morta, pois isso facilitaria a minha fuga.

Hassan viajou com o simpático casal que havia me auxiliado até o hospital onde eu fora arrematada e subornou os dois enfermeiros para que afirmassem que eu havia morrido. Não foi difícil de conseguir tal afirmação, pois no Afeganistão não há leis ou ética que funcionem. O dinheiro cala qualquer um. Fiquei escondida na casa de minha mãe por duas semanas. Jamais saía do quarto, nem para tomar banho, apenas para urinar uma, no máximo, duas vezes por dia. Eu temia que alguém me descobrisse lá, pois nem meu pai sabia sobre minha presença em sua casa; somente mamãe e meus irmãos sabiam. Eu me surpreendi com a atitude deles, pois, por mais que fossem meus irmãos de sangue, eram homens afegãos e eles honram uma irmã casada, mesmo que o marido a torture ou até mesmo a mate.

Passaram-se as duas semanas e consegui me mudar para a casa de meus primos. Eram, na verdade, primos de minha mãe, mas me acolheram, pois foi lhes afirmado que meu marido tinha sido assassinado e eu não podia viver sozinha. Hassan os convenceu que permanecer em Cabul seria pungente para eu superar a morte de Khaled e que o melhor para mim seria morar longe de lá. A ideia não era ruim, pois assim eu seria uma viúva e poderia vir a casar-me novamente, mas dessa vez somente com um marido que me respeitasse. Um novo matrimônio não era uma vontade que eu tinha, mas como todas as mulheres, sempre sonhamos em encontrar um marido decente. Meus irmãos não mantinham contato com a família que me acolhera e eu me sentia livre, mesmo que ligeiramente. Foi nessa "liberdade" que conheci Mansur.

Mansur era meu primo distante e filho de um gentil casal que lhe ensinara o que significavam bondade e amor. Foram meses felizes que passei na residência de meus primos perto de Mansur. Apaixonei-me por ele logo no início da minha estadia em sua casa. A família era muito diferente de qualquer pessoa que eu já havia conhecido no Afeganistão. Certa vez, cheguei a desconfiar da bondade deles e que iriam requerer algo de mim mais tarde, como recompensa. Foi com a família de Mansur que percebi que nem todos os afegãos são maldosos como eu julgara.

O pai de Mansur era um homem de mente aberta, ajudava sua esposa com tudo que ela precisasse. Na harmoniosa casa deles não existia o conceito de que os homens não faziam nada e as mulheres faziam tudo. Era a mãe de Mansur que cozinhava, mas somente porque ela sabia preparar comidas deliciosas; nada de muita sofisticação afinal, estamos tratando do Afeganistão, país pobre e cheio de gente miserável. Mansur e seu pai trabalhavam fora de casa, mas também ajudavam a fazer o trabalho doméstico pesado. Eram eles que arredavam os sofás na hora da limpeza, eram eles que subiam nas prateleiras para pegar algo que estivesse fora de alcance, eram eles que davam comida ao Snow, o cachorro de Mansur.

Eu estava certa de que era amor o que eu sentia por Mansur. O jeito como ele me tratava, o carinho que ele tinha por mim, a preocupação que demonstrava a meu respeito. O que mais me atraía na família de Mansur era que eles também tinham afeto por mim e cuidavam de mim como se fosse uma filha. Até que chegou o dia que eu tanto temia. A mãe de Mansur me questionou se eu me casaria com seu filho. Alegrei-me muito com a pergunta e não me contendo, abracei-a. Esse foi um dos dias mais felizes da minha lutadora vida. Brevíssimo momento de alegria. Eu havia concordado com a feliz proposta de casamento, Mansur também estava radiante e seus pais mostravam-se muito satisfeitos com a nossa união. Porém, eles não eram os únicos envolvidos nesse novo casamento. A minha família deveria saber e conceder minha mão ao meu novo noivo. Foi aí que surgiu um grave problema.

Hassan era um bom irmão para mim, cuidava da minha família e almejava o nosso bem, mas era um homem afegão e, como homem, a irmã dele tinha que ser honrada, e outro casamento na minha vida não seria o exemplo de uma mulher honrada, uma vez que eu ainda era casada. Pensei muito em como fazer com que a família de Mansur não soubesse sobre Khaled, que eu o deixara e que ele não havia morrido assassinado. Ponderei o que meu pai faria quando descobrisse que eu não estava morta, mas morando na casa de primos de minha mãe e ainda pretendendo me casar com outro homem. O que ele faria quando soubesse que seus filhos e sua esposa o enganaram sobre a minha morte? Como eu conseguiria a aprovação de meu pai? Ele não só desaprovaria toda a situação, como castigaria minha família inteira. Eu não tive coragem de contar aos pais de Mansur sobre meu segredo e tão pouco a ele. Deixei nas mãos de Alá o meu destino. Ele já havia me ajudado uma vez, poderia me ajudar nessa também. E ajudou, mas não como eu imaginei.

Eu estava rezando e pedindo a Alá que meu pai me absolvesse, como também a minha mãe e a meus irmãos pela mentira que havíamos lhe contado. Minha expectativa era de que todos aprovassem minha felicidade ao lado de Mansur e concedessem minha mão a ele, já que éramos todos primos e membros da mesma família, como devem ser os casamentos no Afeganistão. Além disso, já havia se passado quase um ano, então achei que seria tempo suficiente para aceitarem. Mas não só meu pai não me perdoou, como os meus seis irmãos quiseram minha morte depois que souberam que eu estava viva e também sobre Mansur e eu. Juraram aos pais de Mansur que, se eu me casasse pela segunda vez, mesmo sem a aprovação deles, eu morreria.

Os pais de Mansur, por mais frustrados que estivessem por descobrir as minhas mentiras, acudiram-me. Retornaram velozmente para casa, para me alertar que meus irmãos estavam transbordando de fúria e que seguramente não deixariam a situação como estava. Eles temiam que algum dos meus seis irmãos iriam me matar e também matar Mansur. Foi de comum acordo que eu deveria sair da casa deles e não podia me demorar. A família de Mansur sempre quis meu bem e não me decepcionaram. O plano deles era que, enquanto meus irmãos iriam até Sar-e-Pul, eles levar-me-iam à Embaixada dos Estados Unidos em Cabul, para eu obter o visto de entrada aos Estados Unidos. As burcas escondiam as mulheres, e essa foi a única vez em meus dias que agradeci Alá por ter que a usar.

Mansur, seus pais e eu viajamos para a capital afegã com a finalidade de tentar minha fuga à América. Chegando ao consulado em Cabul, solicitamos o visto de estudante com o propósito de eu aprimorar meu inglês. O processo não foi fácil por deficiência de documentos meus, mas como o Afeganistão sempre esteve em guerra, facilmente responsabilizamos os bombardeios pela falta de dados. Meu visto não foi concedido, sem embargo.

O próximo plano era ir à Índia, o que parecia mais acessível, mas seria uma viagem longa e complicada pelos obstáculos que enfrentaríamos. Mulheres afegãs raramente viajam sozinhas em terras afegãs e, assim, Mansur me acompanhou de ônibus até Srinagar, na Índia. De lá, partimos para Amritsar, onde consegui um passaporte indiano falso com facilidade, e encerrei meus dias orientais em Nova Delhi, onde tivemos que furtar carteiras de turistas por alguns dias para que eu conseguisse juntar dinheiro suficiente para adquirir uma passagem à Inglaterra, uma vez que indianos têm entrada livre na terra da Rainha.

Vagamos nas ruas por vários dias, como dois mendigos sem rumo, sem comida, à base de doações dos caridosos passeantes que eram roubados por indivíduos como nós. O dia em que deixei a Índia e, consequentemente, o Afeganistão, foi o dia mais intenso da minha vida, mas também o mais triste, porque eu presumia que aquela seria a última vez que viria Mansur. Beijamo-nos na boca. Fiquei tão nervosa que chegou a correr suor entre meus braços, axilas e entre minhas pernas. Foi também o momento mais perfeito que vivi.

Desembarquei no aeroporto de Heathrow, em Londres, e fui presa. Depois da última escala para a capital inglesa, picotei e joguei o meu passaporte falso no lixo, visto que não sabia o que aconteceria na imigração britânica com aquele documento falsificado. Como eu não falava Hindi ou qualquer outro dialeto indiano e meu inglês era limitado, eles não me deportariam para Índia, pois era evidente que eu não pertencia a tal país. Calada, escrevi em um pedaço de papel que precisava de um intérprete de árabe e, assim, os oficiais não poderiam saber qual era a minha procedência, já que há diversos países falantes da língua árabe. Quando chegou a tradutora, enviada por Alá, expliquei sobre minha fuga e implorei-lhe que me ajudasse a permanecer na Inglaterra.

Sair da Índia com o passaporte indiano falso fora tarefa simples. Contudo, entrar na Inglaterra sem os documentos necessários é considerado crime federal e não havia alternativa a não ser enfrentar aprisionamento. Eu, para ser sincera, não dei importância. Contanto que não voltasse a morar sob as garras de qualquer afegão, eu estava satisfeita. Permaneci na cadeia por oito meses, quando um advogado do consulado paquistanês veio em meu subsídio, enviado por Alá novamente. Depois de um acordo pelo qual eu trabalharia e viveria em um abrigo para imigrantes carentes que provinham do Oriente Médio e de países miseráveis da África, eu fui "solta". Para os ingleses, eu ainda sou uma pessoa intitulada a período de condicional; para mim, vivo em plena liberdade. Cheguei ao pódio dos vencedores. Assim sinto.

DORA E NINA

Injustiça ilícita. Iniquidade criminosa. Indução sugestiva. Persuasão. Carência do poder de livre escolha. Ausência de livre-arbítrio. Ausência de livre expressão. Imparcialidade dos outros. Direitos humanos. Direitos civis. Direitos quebrados.

A liberdade de expressão política teve início na Grécia Antiga. Foram os gregos os pioneiros a pregar a liberdade democrática que frutificou na Modernidade. Foi nos Estados Unidos, no entanto, que a ideia de expressar-se livremente nasceu.

Em férias com destino à Califórnia, embarquei em um voo na Filadélfia com conexão em Atlanta, para depois voar a São Francisco. Ao meu lado, uma criança de aproximadamente dez, onze anos. Cabelos curtíssimos e castanhos, sem brincos nas orelhas, tampouco o furo para os tais, esse serzinho possuía um sorriso muito doce e um tanto feminino. Observei curiosamente a criatura até então assexuada, pelo menos para mim, mulher vaidosa, que usa enfeites e penduricalhos nas orelhas, maquiagem coloridas nos olhos e unhas pintadas.

O voo era curto, em torno de uma hora e meia. Quarenta e cinco minutos após a decolagem, o tal serzinho meigamente magro, chamado Jules, levantou-se para usar o lavatório. Percebi que vestia um casaco daqueles que tentam se vender barato, que a gente compra como se fosse lã, mas é aquela malha enganosa, que somente parece esquentar, mas não aquece. Bem, era um branco tentando ser bege, com comprimento até o joelho. Estava provado, o casaco pertencia a uma menina.

Os breves quatro minutos fora de seu assento permitiram-me olhar para os arredores. Uma mulher de cabelos castanhos escuros ondulados, comprimento pelo ombro, brincos de ouro – folhados ou bijuteria, não pude assegurar – em forma de folha de árvore, calças jeans azuis largas, camiseta preta e tênis All Star vermelho. Não poderia ter mais do que quarenta e cinco anos de idade. Era a Dora.

Ao lado de Dora, vinha Nina. Cinquenta anos no máximo. Levemente acima do peso, seios grandes bem distribuídos, camiseta branca com uma insígnia curiosamente incompreensível acima do vocábulo *Milk,* calças jeans largas, sapato mocassim, cabelos loiros escuros impecavelmente divididos ao meio e presos com um rabo de cavalo. Rosto um tanto envelhecido, forte expressão de ativismo.

Ao lado das duas enigmáticas mulheres, voava um menino de seis anos, negro. Cabelinhos raspadinhos, camiseta preta com o Homem Aranha escalando um prédio altíssimo, bermudas de sarja e o que o destoou do que eu chamaria de normal: os chinelos de couro de cor rosa com tachas douradas nas alças. Seu nome era Jude.

Doentes, pensei. Adoentados, dementes, aberração pura da natureza, sem senso, sem juízo, sem vergonha, esses americanos loucos e donos de anomalias que venho observando desde o primeiro dia em que me mudei para os Estados Unidos. Levemente forte e talvez um tanto exagerada a minha descrição dos americanos, é assim que os vi e continuo vendo. O sono que me perseguia durante o breve voo fugiu naquele momento de indignação.

Passados os quatro minutos, a menina de cabelos curtíssimos retornou e sentou-se ao meu lado. Sorriu sua meiguice para mim ingenuamente. Vencida pela curiosidade, perguntei-lhe o seu nome. Indaguei se viajava sozinha e ela disse-me que não – *"With my family"* foi sua resposta, e apontou para o trio à nossa esquerda. Então averiguei o que fariam em Atlanta e ela respondeu que lá só estariam no aeroporto de passagem, que o seu destino final era São Francisco. Nessas alturas eu já comichava toda e era uma questão de vida ou morte coletar aquela intrigante história. Comecei a dialogar com a menina do casaco longo e sua família, sabendo que teríamos esticadas horas de espera no Hartsfield-Jackson Atlanta International Airport.

Dora e Nina formavam um casal. Ambas americanas, lutaram pelos seus direitos e conseguiram adotar duas crianças, as quais não preciso apresentar, pois já o fiz, Jules – a menina – e Jude – o menino. Jules fora adotada quando tinha dois anos e meio. Jude veio três anos depois. Não entrei no processo de adoção em detalhes, pois esse não era meu foco. No avião não me conveio pedir por detalhes muitos específicos, visto que sensatez era algo necessário naquele momento agitado. Contaram-me de onde vinham, onde moravam, o que faziam, a escola que as crianças frequentavam, lugares favoritos, trabalhos, famílias e viagens. Uma hora e trinta e cinco minutos após a partida, o atendente de bordo dava seu recado aos passageiros para apertarem os cintos de segurança, colocarem os encostos das poltronas em posição vertical e levantarem a mesinha à frente. Não tive a coragem de questionar nada mais sólido naquele instante.

Pousamos em Atlanta e saímos da aeronave. Certifiquei-me de acompanhá-las ao portão de embarque, onde esperaríamos por mais duas horas para embarcar a São Francisco. Como trabalhei anos com crianças e tenho um afeto acentuado por esses seres que não ultrapassam um metro de altura, informei o casal de mães de que eu iria comprar Coca-Cola para mim e que pegaria para Jules e Jude também. Foi o que fiz, mas além do refrigerante, comprei balas, M&M's e *pretzels* cobertos de chocolate. Era o mínimo que eu podia fazer por aquela família que estava prestes a ter suas não censuradas vidas recontadas por mim.

Conversa vai, conversa vem, perguntei para a menos feminina das duas, Dora, a de brincos dourados, o porquê dos chinelos cor de rosa no menino. Arrisquei alto. O máximo, no entanto, que poderia me surrar a cara era um não ou uma expressão mais máscula ainda. Mas eu estava errada. Dora e Nina eram os tipos que se vangloriavam por serem gays e estarem tentando formar mais dois gays (zinhos) ao arredor delas. Dora relatou-me então que a proposta delas era a de liberdade de expressão. Todos tinham esse direito e ninguém podia tirar isso delas. Eu a ouvi, mas de uma maneira nada contente. Em relação a ser gay e se expressar para o mundo, sou totalmente a favor. Criar duas crianças tolas de uma forma homossexual, contrária ao que chamamos normal (sim, desculpem-me os gays, sou fã número um de vocês, mas quando estamos falando de natureza, a normalidade desaparece) era outra.

O casal de lésbicas estava levando sua prole a São Francisco para que eles, desde pequenos, conhecessem a história de Harvey Milk, o senador gay que lançou a lei de limpar as fezes de cachorros nas ruas para não ser multado. Mas não somente isso, elas ansiavam mais. Elas desejavam que ambos os filhos de criação absorvessem a atmosfera do Bairro Castro (bairro gay) de São Francisco. Queriam levar-lhes ao Teatro Castro, ao bairro e à cidade que se orgulha da bandeira de arco-íris. Vi que dali eu não obteria mais informação, apenas discurso imoral. Dora e Nina discorriam como se fossem as rainhas de uma população homossexual tomando a atitude mais natural da civilização. Assim, mudei de assunto.

Conversávamos por quase três horas agora. A intimidade era nossa melhor amiga. Já tinha narrado um tanto de mim também, pois não queria que desconfiassem porque eu questionava tanto. Encorajei-me e perguntei se elas acreditavam que nasceram homossexuais ou se o curso da vida as tinha tornado tais. Mais uma vez, joguei alto. A resposta não foi nada suave dessa vez.

Nina fora estuprada violentamente quando era adolescente. Caminhava acompanhada de seus dois cãezinhos nas proximidades de sua casa, no interior de Washington D.C., à tardinha, num dia frio de inverno. Seus pais a haviam deixado sozinha tomando conta da casa por um par de dias, pois estavam visitando o avô, que vinha sendo corroído pelo câncer. A adolescente de peitos fartos havia percebido uma presença estranha ao voltar para casa, mas os cachorros estavam tão agitados que ela resolvera apressar-se ao entrar em casa e não prestar atenção aos seus arredores. Ao entrar, foi puxada e jogada contra a porta, batendo fortemente sua cabeça. Ficou inconsciente por uma grande quantidade de horas. Na manhã seguinte, acordou no gélido porão, com os cachorrinhos inquietos arranhando a porta, que se encontrava fechada. Foi nesse momento que sentiu uma forte dor na parte superior da testa e viu o sangue ao redor de suas pernas e em sua vagina descoberta. Um pensamento somente decorria por sua mente: na minha própria casa, na minha própria casa, na minha própria casa.

Ela não me contou mais detalhes. Acho que nem aos pais ela contou. Era visível o trauma e a maneira de lidar com o violento ocorrido. Não foi com a polícia ou terapia que ela obteve sua justiça. À polícia não adiantaria ir, pois, além da imensa vergonha de ter que expor o estupro, como ela acusaria alguém que não havia nem tido a chance de ver o rosto? Quanto a psicólogos, psicanalistas ou psiquiatras, ela não seria convencida por médico algum que aquele ato brutal deveria ser perdoado ou esquecido e superado. Desde esse momento, não concebeu a ideia de ter outro homem entre seus braços, pernas ou em pensamento. Quanto a mim, que já derramava enternecimento de meus arregalados olhos, segurei forte sua mão pedindo perdão, mesmo que apenas em pensamento, por meus julgamentos infantis e imaturos feitos horas antes. Quanto à Dora, não ousei a questionar.

MIGUEL E DONA LAURA

Por mediação de vizinhos moleques, conheci meu marido aos doze anos de idade, há pouco mais de trinta anos. Ainda boba e acriançada, comecei a ter sonhos inapropriados para a minha dúzia de anos sobre aquele amigo seis anos mais velho que me mantinha desperta à noite por horas quando não vinha me visitar nos tais sonhos. Mistura de paixão com amor desde a meninice, diziam-me que aquilo era coisa de criança, minha, claro, pois ele jamais me notaria, uma vez que era bem mais maduro do que eu. Miguel frequentava o clube do qual éramos sócios, ao lado de minha residência. Encontrávamo-nos na sede principal, tomávamos banho de piscina juntos, jogávamos vôlei, tênis e bocha. Após verões, outonos, invernos e primaveras sonhando com o adolescente, que agora já beirava a juventude universitária, mostrei a todos nossos amigos metidos e gozadores que estavam enganados em relação a nós dois. Ficamos juntos a primeira vez quando eu tinha dezesseis anos, quase dezessete. Eu já o idolatrava por longos e sonhados anos de puberdade, mas ele só percebeu minha existência como o sexo oposto quando eu estava com quase dezessete anos.

Perdi minha virgindade com ele ainda nos quase dezessete. O Miguel foi e é meu único amor. Nunca estive com outro homem e sou feliz junto a ele até hoje. Dos beijos iniciais até um namoro estável passou-se quase um ano. Eu estava prestes a completar meus dezoito anos quando começamos a namorar. Eu já conhecia a sua família dos almoços no clube, mas agora o contato com eles era diferente. Era uma convivência de adulto, afinal, eu era, finalmente, a namorada dele.

Comecei a frequentar a casa do Miguel, então, quando eu entrava na maioridade. No princípio, não enfrentei obstáculo algum. Tratavam-me afetuosa e delicadamente e faziam das minhas visitas um momento vigoroso. O primeiro ano foi curiosamente aprazível. Inclusive, em um Natal, propus um brinde de agradecimento aos Rosso, por terem me acolhido como se pertencesse à sua família, como se eu fosse a nora dos pais de Miguel. Suponho que essa foi a ocasião quando minha estimada sogra, a Dona Laura, percebeu que eu, de fato, era a nora dela. Foi o momento em que ela notou que eu não era mais aquela moleca de anos antes que brincava com o filho dela, mas a futura mulher dele e mãe de seus netos. Já se sabia que nossa relação seria para sempre. Desde esse específico instante, desde os meus dezoito anos, a empedernida Dona Laura me ergueu uma coleção de obstáculos ao longo de nossas vivências.

Obstáculo I: o telefonema

O primeiro empecilho imposto por ela foi quando meus pais viajaram por um longo final de semana e pediram a Miguel que dormisse em minha casa para que eu não ficasse sozinha. Meus pais sempre foram super liberais e tinham cabeças abertas. Miguel respondeu ao pedido prontamente. Estávamos em minha casa, sozinhos, fazendo jus àquela circunstância que somente os namorados apreciam, aquele momento tão especial e aguardado: o do que os pais viajam e a casa é inteiramente nossa. Cozinhamos massa com molho de tomate pronto, que ficou bem sem gosto, porquanto éramos bastante novos e ainda não conhecíamos a arte de cozinhar. Bebericando um vinho da adega de meu pai e romantismo voejando no ar, o poético momento foi então interrompido com o toque do telefone de minha casa. Atendi. Era a mãe dele, a Dona Laura, solicitando falar com o filho. Chorava ao outro lado da linha, pois havia estado em uma festa da família dos Rosso, com os quais ela não mantinha uma boa relação, e discutira com um dos primos de meu sogro, o Seu Roger. A inverossímil Dona Laura pediu para seu caçula voltar para casa; ela não se encontrava bem e precisava conversar com alguém da família. Miguel, imediatamente, respondeu à solicitação da mãe. Nem preciso mencionar o quanto me senti abandonada e um tanto injustiçada. Se eu soubesse que esse era só o princípio de nosso drama, quiçá tivesse desistido do Miguel naquela época.

Obstáculo II: o perfume

Poucas semanas depois do episódio do telefonema e alguns maus olhares de Dona Laura para mim, eu estava na casa de Miguel, jantando na mesa da espaçosa cozinha com ele, quando ela apareceu. Pediu-me para acompanhá-la ao seu quarto a fim de mostrar-me uma coisa. Eu fui, uma vez que desagradar à incontrariável Dona Laura era algo que nem Seu Roger, Miguel ou o irmão dele, Antônio, fariam. Entrei no quarto dela e fiquei próxima à porta, pois avaliei bastante íntimo invadir o seu território. Ela me convidou para entrar, dizendo que tinha um presente para mim. Eu, por alguns instantes, achei que tinha, enfim, conquistado-a. Ela me deu um pacotinho embrulhado com papel de presente em tons de rosa e vermelho e disse que eu merecia, por ser tão compreensível. Agradeci, dei um breve abraço nela e abri o pacote embrulhado com o papel de presente de listas cor de rosa e vermelhas. Era um perfume. Não me demorei em abri-lo e sentir o seu cheiro adocicado de baunilha. Passei um pouco em mim, pois eu havia não somente gostado do presente, como também do momento. Julguei que ali tinha sido o início da nossa boa relação de nora e sogra.

Quando retornei sorridente à cozinha, Miguel me perguntou o que tinha acontecido e eu lhe contei. Ele quis sentir o cheiro do perfume na minha pele e, assim que o fez, agiu estranhamente e um tanto hesitantemente. Não aparentava nem ter gostado, nem odiado. Miguel levantou-se e foi até o quarto de sua mãe. Eu não pude ouvir a conversa dos dois. Miguel era sempre discreto e usou sua voz em tom baixo, mas mais tarde ele me contou que ela havia comprado para mim o perfume que a sua ex-namorada usava. Obviamente, quebrei o frasco quando ouvi tal revelação. E vim a descobrir depois que foi por interminável implicância da mãe que Miguel terminara o namoro com sua ex-namorada, a Cibele.

Passaram-se quatro meses sem eu pisar no apartamento deles. Não queria me indispor com ninguém, mas também não queria ter que suportar a espinhosa Dona Laura. Até que Miguel me convidou para jantar em sua casa, visto que era seu aniversário, e também como um sinal para fazermos as pazes. Fui, evidentemente. Aquele aniversário correu sem nenhum problema, pois conversei somente com a namorada do Antônio da época, a Janaína. Não dei espaço para a Dona Laura, que se encontrava ocupadíssima servindo o jantar do filho favorito dela. A comida foi finíssima, bem como a família Rosso. Minha afinada sogra preparara o prato preferido do Miguel, uma *paella valenciana*. Não sem a ajuda de suas duas empregadas domésticas, claro.

Dona Laura tinha a Maria, aquela típica cozinheira obesa que, diga-se de passagem, era maravilhosa. Sabia cozinhar tão bem que era impossível de não repetir, no mínimo, três vezes, as comidas preparadas por ela. Era querida, bem-humorada e muito prestativa. Cozinhava tudo que lhe pediam e preparava com amor. Já a Jussara estava mais para ajudante; também arrumava os quartos e limpava a casa. Ao meio-dia, ajudava Maria a preparar o almoço. Eu achava um pouco exagerado manter duas serventes para uma família de quatro pessoas adultas. Além disso, eles moravam em um (grande) apartamento, que é bem mais fácil de arrumar do que uma casa.

Obstáculo III: a revelação

O próximo acontecimento foi um tanto mais tarde, quando eu já tinha vinte e dois anos, e Miguel, vinte e oito. Havíamos nos distanciado por quase um ano, quando fui morar em Brighton, na costa sul da Inglaterra, para estudar a penosa língua global. Escrevíamos cartas um ao outro, pois e-mail, naquela época, era ainda inexistente. As cartas transbordavam declarações de amor e indicavam que pertenceríamos um ao outro para a nossa eternidade. Entretanto Miguel, pertencente ao sexo masculino de nossa espécie, não permaneceu sozinho durante esse período em que eu me ausentei. Não chegou a namorar ninguém, mas tinha lá suas aventuras, e uma dessas aventuras acabou uma noite dormindo na casa dos Rosso. Acho que essa não era a ideia, mas o casal de pombinhos bebeu demais e, depois da transa, adormeceu. Foi a invasiva Dona Laura que acordou o casal quando entrou no quarto do Miguel como fazia diariamente. Ela proferia que enquanto os filhos moravam sob o seu teto, ela entraria em seus quartos sem ter que bater na porta. O pérfido nem para trancar a porta se prestou.

Eu não descobriria sobre os feitos do Miguel se não fosse a bisbilhoteira Dona Laura. Ela aguardou eu voltar da Inglaterra para me contar. Foi num sábado à tarde, em que estávamos na sala assistindo a um filme no videocassete deles, que na época era a maior novidade. Foi em uma pausa para fazer pipoca e pegar refrigerante que a senhora rainha, sentada no sofá de couro marrom escuro, pediu ao Seu Roger pegar os seus óculos no quarto e aos dois filhos que trouxessem a pipoca e os cinco copos de Guaraná. O momento era perfeito. Só nós duas, ali, a três minutos de estarmos os cinco novamente juntos, que ela me desvendou. Mas não me contou com um ar de fofoca, a cretina de voz rangente. Usufruiu de um orgulhoso discurso, como se fosse o agradecimento a um prêmio de televisão. Primorosa manobra, pois eu não podia perder a cabeça ou dar escândalo ali, no meio daquela afável tarde de sábado, com a harmoniosa família reunida.

Dali, segui assistindo ao desinteressante filme, que havia se silenciado para mim, e somente imaginava o Miguel dormindo com alguém em sua própria casa. Nem para levar a tangência de sua traição para um motel o canalha se prestou. E o pior me ocorreu: se estava levando para casa, mesmo que em horários indiscretos, era por que já não estavam mais em fase inicial e era algo que se repetia. Voltei para casa naquele transtornado sábado em torno das nove horas da noite. Não tive ânimo de falar nada para ele, pois o meu lado racional sussurrava-me que fui eu quem viajara, fui eu quem o deixara por dez meses, fui eu quem havia aberto o caminho dele. O mesmo lado me cochichava que os homens traem, ainda mais quando a jovem namorada vai viajar para o exterior por tantos meses. Seria demais pedir-lhe que não o fizesse? O que me aborrecia, contudo, não era somente a deslealdade de Miguel, mas o fato de sua mãe ter me revelado. A Dona Laura, mais uma vez.

Cheguei à minha casa e conversei com minha mãe, que me acalmou e me exortou que se eu o amasse verdadeiramente, deveria perdoá-lo, pois fora eu quem resolveu viajar e deixá-lo. Disso, eu já sabia. Decidi que daquele ponto para frente, ele seria meu homem, meu norte, meu namorado e, logo, meu marido. Resolvi enfrentar a invencível Dona Laura e encarar tudo o que viesse pela frente. E veio muito.

Dessa época até o nosso casamento não senti muito cheiro de maldade. Eu até estranhei que ela não estava interferindo no nosso casamento, que estava por se suceder. Todos os preparativos foram decididos entre eu, minha mãe, o Miguel e a Dona Laura. Pedi à minha mãe para que estivesse sempre presente, pois assim a minha futura sogra não teria muito espaço para suas astúcias. Ela não teria coragem de me afrontar em frente à minha mãe. Errada eu estava.

Obstáculo IV: o desaparecimento no casamento

Foi no dia em que me casei na igreja, com um rústico e distinto vestido de cor champanhe simples, como a proposta do casamento. Não eram muitos convidados os oitenta e dois presentes na capela enfeitada com flores brancas campesinas e enfeites bucólicos, ambos de bom gosto. Estava a um passo de entrar pela porta da qual eu sairia casada quarenta minutos depois, quando uma prima minha, que também era íntima amiga do Miguel, veio me avisar do inverossímil. Não, ela não estava vestida de branco. Não foi tão clichê assim. Ela não estava nem vestida, pois Dona Laura não havia comparecido. Ausente. Ela estava na lista dos convidados ausentes, juntamente com a colega de trabalho do Miguel e o marido, cuja filha estava doente devido a uma vacina que havia tomado dias antes, e um casal de primos dos meus pais, que haviam perdido o voo de última hora. A misteriosa Dona Laura era a quinta convidada a não comparecer. Dessa maneira, ela demonstrava para todos nós o quão contra ao nosso casamento ela se posicionara e que eu jamais obteria sua aprovação.

Vi na expressão do rosto de Miguel a decepção e o frêmito que a mãe havia lhe causado. Quem não precisa da figura materna em seu próprio casamento? Ainda mais que era ela quem o acompanharia ao longo do corredor da capela. Ela compareceu, no entanto. Foi após a cerimônia religiosa, enquanto os infelizes comentários giravam em torno dela. Apareceu na festa, que supostamente deveria ser cheia de simplezas, com um traje chiquérrimo. De fato, eu fui a que menos me importei, pois eu queria mesmo era aproveitar minha festa de casamento, mas minha mãe, minhas irmãs, minhas amigas e primas me precaveram que o ocorrido havia sido alguma forma de protesto.

Nossa festa foi linda. Muitos amigos, muitas alegrias, muitas fotografias, muita comida, muita bebida, muita dança e muita bebedeira. Foi o dia que eu aguardava desde os meus sonhados doze anos e não seria estragado por ninguém. Ignorei o fato do vestido da minha sogra ser o mais belo de todos e segui em frente: comi, bebi, dancei e me diverti. Mas minha ventura não foi duradoura. No dia seguinte, fomos a família Rosso e a minha almoçar juntos na chácara de um tio do Miguel, o tio Pepe. Era um churrasco marcado às duas horas da tarde, para que todo mundo tivesse tempo de descansar e curar a ressaca. Eu e Miguel fizemos ótimo proveito da nossa noite no hotel que havíamos reservado e só deixamos o quarto às duas horas da tarde.

Chegamos à chácara às duas e meia e ainda estávamos exaustos. O almoço foi farto e necessário para encher os estômagos ainda alcoolizados, mas ninguém comentou sobre o acontecido. Eu procurei minha sogra, que estava na cozinha, e perguntei-lhe sobre a ausência dela na igreja. A resposta foi curta e parecia sincera: "Enxaqueca", murmurou ela, "Mas passou graças a um remédio que tomei. Em questão de duas horas eu estava bem", continuou ela.

Mentira. O Miguel me confessou semanas mais tarde de que ele ligara para a mãe da igreja e ameaçara nunca mais vê-la se ela não comparecesse. E ele não deve ter sido fraco com ela, pois Miguel vestido de brabo era coisa do inferno. Ele é uma pessoa muito polida e gentil, mas quando algo o irrita, perde as estribeiras, como dizem por aí. Dona Laura não suportaria a dor de perder o filhinho caçula e também o predileto dela, então se aprontou e dirigiu-se à festa.

Obstáculo V: o susto da lua de mel

Dias após o tal almoço, saímos de partida para nossa excitante lua de mel. Uma semana na Bahia, aperfeiçoada com mais cinco dias em Alagoas. Eu sempre cobicei conhecer Salvador e Maceió, e foi ao lado de meu marido que realizaria tal cupidez. O primeiro destino foi uma praia muito perto da capital baiana, onde ficamos num resort de cinco estrelas. Uma verdadeira maravilha, um paraíso de praia, de mar, de hotel e de serviço de quarto. Eu estava experimentando, além de uma titânica e visível felicidade, um alívio, pois, por doze dias, estaríamos livres da contumaz Dona Laura ou qualquer crueldade dela. Estava enganada, como sempre.

No terceiro dia, Miguel resolveu ligar para casa para dar notícias nossas e tivemos uma surpresa. Dona Laura havia tentado encerrar sua vida no dia anterior. Ingerira um tubo de aspirinas e outros remédios que ela mantinha em casa. Eu estava segura de que aquilo ocorrera somente para chamar a atenção do filhinho dela e levá-lo de volta para casa. Eu, agora, já conhecia bem a minha sogra e não me intimidava mais com suas cruéis manobras. Mostrei plena frieza e indiferença sobre o atentado a Miguel, meu marido então, e lhe assegurei que ela não cessaria tão facilmente e que essa era a mãe dele, uma pessoa ciumenta e fortemente doente. Ele sabia, mas, ainda assim, demonstrava preocupações. O seu receio era de que ela não sobrevivesse à tentativa de suicídio ou tentaria mais uma vez e ele sentir-se-ia culpado para o resto de seus dias.

Tentamos permanecer no Nordeste até o fim da nossa lua de mel, mas Miguel viciosamente só conseguia se preocupar com a mãe, então acabamos voltando no sexto dia. Eu sabia que chegaríamos, e ela estaria bem. E foi exatamente o que aconteceu. Chegamos à casa deles e lá estava ela, padecente, em frente à televisão, sentada no sofá de couro marrom, com o corpo emagrecido e o rosto murcho, sem maquiagem. A cena deprimia qualquer um, inclusive eu. A tão falada Dona Laura, fina e impecavelmente ágil, agora estava plantada em um sofá, horrorosa e infeliz. Sentamos os três e tivemos uma longa conversa. Fui eu quem tomou a iniciativa e expliquei-lhe que eu não tinha nenhuma intenção de arrancar o filho da vida dela (nem de usurpar seu trono), que eu amava o Miguel e só queria fazê-lo feliz, mas com aquelas atitudes, isso viria a ser extremamente difícil. Ele também falou bastante, disse à mãe que esses atos infantis precisavam ter um fim, que ela tinha que voltar a agir como uma pessoa normal e que devia procurar um psiquiatra urgentemente. Foi o que ela fez. Um pouco contra a sua vontade, mas o fez.

Ela granjeou o meu perdão, mas não consegui ser a mesma em relação a ela. Não fora qualquer final de semana que havia sido interrompido com um simples telefonema. Era a minha – única – lua de mel que fora descontinuada. A insensata Dona Laura, contudo, foi demonstrando melhora com o passar do tempo. Via seu psiquiatra duas vezes por semana nos primeiros meses e, mais tarde, uma. Não posso negar que melhorou, e muito. E por alguns anos ela se esforçou para ser simpática comigo e mostrava querer ser amiga. Até que os netos vieram.

Tivemos um casal, o Caetano e a Natália. O Caetano nasceu quando eu tinha trinta e dois anos. Foi uma gravidez tranquila e saudável e tudo correu como o esperado. Menino corado, sem nenhum problema físico, era e é muito amado. Foi o primeiro neto da Dona Laura e de Seu Roger, pois o irmão de Miguel veio a ter um filho alguns anos mais tarde. O Caetano era bem agitado, cheio de energia e muito divertido. Beijoqueiro e carinhoso, ele tratava todos ao seu redor com amor e dava carinho com a mão em todos que sentavam ao lado dele. Adorava – e adora até hoje – os avós. Sempre ganhava presentinhos e surpresinhas deles e, em seus aniversários e datas comemorativas, ganhava presentes caríssimos. Eu não me importava com o fato de os presentes terem altos preços, pois, desse modo, eu não tinha que gastar o horror que pedem até hoje em brinquedos para ele, que ficavam por conta dos avós.

 Três anos depois do nascimento de Caetano, veio a Natália. Eu queria ter filhos bem próximos de idade, pois assim criaria e educaria a ambos juntos. Já estava com trinta e cinco quando a minha filha nasceu. Natália nasceu saudável de uma gravidez um pouco mais delicada do que a primeira. Tinha, no entanto, um leve problema nas cordas vocais, o que fez com que sua fala ficasse um pouco impossibilitada de ser perfeitamente normal. Uma má formação, somente. Fonoaudiólogos poderiam ajudá-la. O problema de Natália não foi notório logo no início. Com dois anos e meio de idade, comecei a me preocupar porque sua fala não brotava. O pediatra me afirmava que era normal, pois alguns falam mais cedo, outros mais tarde. Uma voz, no entanto, assoprava-me que havia algo a ser descoberto. Procurei uma clínica de fonoaudiologia e a levei. Ainda era cedo para afirmar, mas eles já desconfiavam do problema. Era uma impedição da voz, que poderia ser aperfeiçoada com prática, mas o bebê teria que começar a falar primeiro.

 Natália então começou a produzir seus murmúrios, e prontamente, a levei para a tal clínica. Ela teve sessões de fonoaudiologia desde pequena e sua fala aproximou-se do esperado, mas não chegou a ser perfeita. Para Miguel e para as professoras da pré-escola, aquela leve deformidade não era motivo para tratá-la desigual ou até inferiormente. Já com a cruel Dona Laura foi diferente. Ela tinha o direito de amar como desejasse, afinal, é um direito bem pessoal. Não se pede para alguém amar uma pessoa mais ou menos. Além disso, a gente ama os filhos igualmente, mas os netos já fazem parte de outra questão. Acho que foi falha minha não ter previsto a situação que estava por vir, afinal, Dona Laura já fazia questão de mostrar a diferença de como ela tratava seus filhos, por que ela agiria diferentemente com seus netos?

 Obstáculo VI: o aniversário e o pote de geleia derramado

 Um dos episódios que me marcou em relação aos meus filhos e a avó deles foi o aniversário de três anos da Natália. Durante a festa, não flagrei nenhuma desarmonia. De quando em quando uma criança derramava um copo de suco no chão ou se lambuzava de docinho de chocolate, mas tudo correra bem até eu revelar as fotos da tal festinha. As fotos cuspiam o já então conhecido fato: Dona Laura aparecia com Caetano no colo em várias fotos em diversos momentos, mas quanto à Natália, apareceu em uma somente, em que a perversa bruxa segurava Caetano em direção a ela e Natália pendurada em seu braço, de costas.

Eventos assim continuaram a repetir-se sucessivamente, e eu tentei o possível para que Natália não percebesse a diferença que a avó expunha entre os dois netos. Até que chegamos ao ato final. Natália estava com sete anos quando, numa tarde, na casa da avó, agitada como qualquer criança normal, ela derramou um vidro aberto de geleia de frutas vermelhas nos pés e pernas de Dona Laura. Eu não sabia se gargalhava da avó, que fizera por merecer, ou se permanecia séria. A refinada Dona Laura teve um ataque de nervos com a neta e simplesmente a espancou. Ela pegou a menina e sacudiu, gritou, xingou, chamou-a de mudinha incapacitada, bateu e a derrubou no chão. Ela ficou naquele chão coberto de geleia, chorando e assustada de dor. Descrevendo a cena parece que havia tempo de sobra para uma intervenção paterna ou materna. Não houve, entretanto.

Eu, depois da última cena em que permiti aquela avó nefária tocar nos meus filhos, recolhi Natália do chão e a levei ao jardim do prédio de minha sogra e lá fiquei com ela. Permiti que chorasse pelo tempo que precisasse. Foram minutos e minutos ouvindo o assustado choro e o repetitivo soluçar de raiva mesclado com tristeza. Abracei minha filha no colo por quase uma hora, ouvindo seu chorinho cansado de ser diferente, cansado de precisar mais atenção do que os outros, cansado de depender de outros para comunicar as coisas mais simples. Meus olhos encheram-se de lágrimas como qualquer mãe que vê seu filho sofrer, mas segurei aquela dor dentro de meus olhos, pois era vez dela, era o momento dela desabafar aqueles anos engasgados.

Foi imediatamente depois da ocorrência do pote de geleia de frutas que resolvi tomar uma decisão avassaladora. Enfrentar a Dona Laura era factível, vencê-la, no entanto, era impraticável. Ela exalava um perfume de iniquidade. Eu tinha duas opções. A primeira era continuar vivendo daquela maneira, tendo que suportar as ruindades daquela avó frequentemente. A segunda era recomeçar uma vida nova, em outro lugar, remoto das atitudes dela. Optamos pela segunda. O Miguel aceitou espontaneamente, o que me surpreendeu. Achei que ele iria resistir a deixar a sua cidade, a cidade onde vivia a sua família, mas estava errada.

Levamos aproximadamente seis meses até conseguir sua transferência para o escritório da agência de publicidade em que ele trabalhava em outra localidade e encontrar boas escolas para as crianças. Quanto a mim, resolvi parar de trabalhar por um tempo, decidi ter tempo para minha família, para meu marido e para meus filhos, mas, principalmente, para dar o auxílio que Natália merecia. Estou satisfeita com minha decisão e só de pensar que temos que suportar a Dona Laura somente uma vez por ano, nos Natais, fico tranquila. Acho que só hoje, aos meus quarenta e cinco anos de idade, depois de muitos e longos anos de frequentes intromissões da minha sogra em nossas vidas, vou ter um casamento e uma família que conhece o significado de paz. Sem mais capítulos ou obstáculos. Fim.

ANA FLOR

Fui namorada do Fernando por cinco anos, dos meus dezoito aos vinte e três. Presenciamos tanto momentos bons quanto desentendimentos, mas nossa relação sempre transmitiu uma energia positiva e era até um pouco infantil. Éramos vizinhos em Canoas, no RS, minha cidade natal, e passávamos longos dias um na casa do outro, com um extenso convívio entre as nossas famílias. O Fernando cursava o segundo ano de Engenharia Civil na Ulbra, de Canoas, enquanto eu já estava no segundo ano do mestrado, quando tivemos nosso primeiro término. Eu sempre agi de uma forma mais madura do que ele, mas nunca deixei essa atitude transparecer e sempre demonstrei meu imenso amor por ele.

No segundo e último ano do meu mestrado, Fernando começou a sentir-se desapreciado. Eu tinha míseros vinte e três anos e já era uma mestra com o doutorado encaminhado para o ano seguinte. Eu havia cursado Licenciatura em Matemática na Unisinos, em São Leopoldo, e o mestrado cursei na Universidade Federal do Rio Grande do Sul, em Porto Alegre. No primeiro ano do mestrado, minha vida prosseguia em Canoas e eu me deslocava a Porto Alegre para minhas aulas. Nada mais. O segundo ano, no entanto, distinguiu-se um pouco. Enturmei-me com meus colegas e sempre almoçávamos juntos ou íamos a barzinhos fazer um *happy hour* depois das aulas. Fernando começou a demonstrar ciúmes, mas nunca pareceu verdadeiramente se importar. Ele também tinha sua turma da faculdade e saía com eles, assim como eu.

No término do mestrado, surgiu uma oportunidade para eu trabalhar no Instituto Técnico da Universidade onde eu estudava, o que me pareceu bastante exato, pois eu trabalharia e cursaria meu doutorado próximos um ao outro, sem desperdiçar tempo em infindáveis e tediosos congestionamentos. Como eu e Fernando já namorávamos havia cinco anos, eu propus que nos mudássemos para um apartamento em Porto Alegre. Eu até hoje não entendo o ensejo da reação dele: se foi pelo fato de eu, do sexo feminino e supostamente frágil, ter feito tal proposta, ou se foi por eu expressar um desejo independente, o de sair de nossa tão familiar cidade natal. Ele respondeu a tal situação com um agitado alvoroço, alegando que nossa vida era em Canoas, junto às nossas famílias, e que nunca deveríamos deixá-las para residir na grande e agitada capital. Sua reação exagerada mesclada com uma porção de machismo e uma amostra de infantilidade me chocou. Eu o namorava por metade de uma década, e já tínhamos discorrido sobre o nosso futuro. Nunca falamos o que faríamos em nossas vidas precisamente, mas já havíamos traçado algumas metas. Ele discutiu e brigou comigo e me chamou de vagabunda, versátil e soltinha. Eu, como já relatei, não compreendo o que realmente aconteceu. Acho que foi ciúmes de eu ser a razão de uma mudança, o meu futuro emprego ou o meu sucesso, que não podia vir antes do dele. Terminamos.

No ano subsequente, eu já estava trabalhando com um salário bastante razoável e cursando meu doutorado. Comprei um apartamento pequeno de quarto e sala na zona norte de Porto Alegre. Tive orgulho de mim mesma e de minha independência. Parcelei o pagamento até o dia que a morte viesse me buscar, mas não me importava, era o meu apartamento. Quanto ao Fernando, esse saiu de cena rapidamente. Não me procurou, não me ligou, não perguntou por mim. Quem entrou em fortíssima cena foi a minha mãe, que deu uma estimativa negativa sobre minha nova mudança.

Admito que mudei minha pacata vida repentinamente. Quando as forças se atraem, elas simplesmente se atraem. Mudei-me para Porto Alegre em abril de 2007 e, no mesmo mês, conheci um cara chamado Bruno, que veio a se mudar para o meu apartamento em final de junho. O Bruno não me deslumbrou inicialmente, desvendando-se como um puro passatempo. Ele era uma figura divertida, daquelas sempre de bem com a vida. Sua profissão? Veterinário. Morava em uma casa alugada e trabalhava em uma clínica de animais em Viamão, uma cidadezinha ao redor da zona leste de Porto Alegre. Nossa história, desde o princípio, foi sem fantasias ou complicações. Tínhamos afinidade, e nossa matemática se complementava. Em duas semanas estávamos namorando e, na terceira, o levei para conhecer minha família. Péssima ideia, além de arriscada. Estavam todos ainda muito acostumados com a presença do Fernando e não aceitaram uma pessoa nova facilmente. Meu pai simpatizou com o Bruno, mas não pôde demonstrar tal simpatia por respeito à minha mãe, que desenvolveu uma aversão ao meu mais novo namorado. Meus quatro irmãos apoiaram-me, mas nunca deram muito importância para o caso todo.

O Bruno me conquistou com sua personalidade, simplicidade e, principalmente, falta de ostentação. Tudo para ele parecia ser fácil e, se não era, deveríamos fazer com que fosse. Ele sugeriu mudar-se para meu apartamento, pois assim ele ajudaria a pagar as inúmeras prestações que eu havia me comprometido. Eu fiquei um pouco espantada, mas não posso negar que a ideia me agradou bastante. Não somente pela ajuda que ele me ofereceria, mas por eu nem ter vinte e quatro anos e já estava com uma vida bem direcionada. Doutorado, um trabalho que eu venerava e onde me respeitavam, um apartamento próprio e um "namorido". Eu adorei a ideia! As pessoas não dizem que quando é para ser, é para ser? Então, o Bruno era para ser! Ele mudou-se para meu apartamento no mês seguinte, trazendo vários móveis que eu ainda não havia adquirido. Tudo se resolveu da maneira do Bruno: simples.

Minha mãe não aceitou prontamente a ideia da única filha dela morar com um homem que ela mal conhecia e, ainda, não suportava. E meu complexo martírio começou. No início, ela apenas chorava e batia a porta do quarto na minha frente, para demonstrar que não queria falar comigo quando eu ia visitá-la. Julguei infantilidade da parte dela e não dei devida importância. A situação agravou-se. Não queria nem mais falar comigo pelo telefone e me pediu para não ir mais à casa deles em Canoas. Em um chá de fraldas de uma das minhas cunhadas, ela disse que se eu comparecesse, ela não estaria presente. Eu não podia acreditar que minha própria mãe estava fazendo aquilo comigo. Então pedi apoio ao meu pai, que conversou com ela. A mãe melhorou seu intangível comportamento por umas semanas e até uma máquina de lavar louças ela me presenteou. Mas isso foi por um curto período, em que a esperança dela era a de me fazer voltar atrás.

Depois disso, foi como um cabeludo problema de matemática para alguém que estuda culinária: dificílimo. Até para o meu trabalho ela ligava chorando, dizia que eu estava estragando a vida dela. A vida dela? Que egoísmo! A vida dela? Era a minha vida de que estávamos tratando, não a dela! E, por fim, chegou o momento em que ela proibiu o Bruno de ir à casa dela. Ele aceitou a situação e supôs que se o fizesse, ela melhoraria.

Na primeira vez em que fui visitar meus pais sem ele, minha mãe quebrou meu celular enquanto eu falava com ele. Contando assim, não parece algo plausível, mas aconteceu. Não somente uma vez, mas duas. Dois aparelhos celulares foram quebrados em duas partes só para eu não falar com o Bruno. Dois. Minha mãe desenvolveu uma insana maldade à minha união com Bruno, seu cérebro e sua mente foram vítimas de um ciúme inexplicável, e o alvo era eu e meu novo namorado. Eu, no entanto, fui a mais atingida.

Suas ruindades multiplicaram-se, e ela chegou a colocar água sanitária no meu estojo de lentes de contato, cuspir na comida que eu ia comer, além de quebrar meus dois celulares. Mas a pior atrocidade foi na festa de aniversário do meu irmão mais novo. Já havia passado seis meses desde que Bruno tinha se mudado para o meu apartamento. Estávamos na festa, cantando "Parabéns a você", que foi seguido de um discurso nada sério do meu irmão, que completava dezoito anos. Após a sua fala, meu pai discorreu algumas palavras, e veio o discurso da minha mãe. Ela o parabenizou, falou o quanto era orgulhosa dos quatro filhos, que eles todos eram estudiosos, trabalhadores, tinham escolhido noras maravilhosas, todas inteligentes e boas mulheres e, no caso da Marcinha, uma boa mãe. Marcinha é a esposa de meu irmão mais velho.

Eu fiquei constrangida com aquele discurso sobre meus irmãos e suas namoradas e esposas, uma vez que foi sobre os quatro filhos dela, e não sobre a filha. Senti-me excluída e um tanto abandonada, até que ela mencionou o meu nome. Eu calculei que coisa boa não podia ser. O modelo apresentado por minha mãe era que nem todos os filhos entendiam o fato de que os pais só queriam o bem para sua família, que tentavam protegê-los do mau caminho e de tomar decisões erradas. Enredou por alguns minutos e disse: "Estou falando da Ana Flor, claro, que resolveu deixar um rapaz direito como o Fernando para morar com um marginal tatuado. Eu prefiro dizer que não tenho filha a dizer que tenho uma filha puta morando em Porto Alegre com um viciado. Eu não pari essa criatura, eu defequei ela".

Ela perdeu totalmente sua razão. Aquela atitude já não era mais cabível. O meu pai a pegou pelo braço para fora do salão e fez com que ela calasse a boca. Meus irmãos e minhas cunhadas ficaram apavorados, bem como todos os convidados. Ouvi vários "Não esquenta Flor, tua mãe não sabe o que está dizendo" e consolos assim. No entanto, ninguém sabia lidar bem com essa nova situação. Os coitados dos meus irmãos não podiam brigar com a mãe, apesar de terem afirmado que ela estava se transformando em uma mulher louca. Resolvi dar um basta e fui embora.

 Não sei se foi destino, presente de Deus ou puramente casualidade, mas no mês seguinte – permaneci todo o mês sem falar com minha mãe ou ir à sua casa – recebi um convite do meu orientador para fazer parte de um projeto na minha área de estudos na universidade de Berlim. Passagem paga e uma bolsa de estudos bem atrativa. Se Bruno e eu casássemos, ele teria direito a ir comigo. Fiquei estonteada – mas feliz – com a notícia. Eu nunca tinha saído do Brasil. Perguntei mais detalhes ao meu orientador, pois eu já estava cogitando a ideia. Parecia o fim do meu transtorno familiar: morar em outro país e assim mesmo estar ligada à vida acadêmica, com o Bruno perto e minha mãe distante! Era o que eu precisava. Fui para casa aquela noite, liguei para o Bruno no trabalho e pedi para cancelar o seu futebol, pois eu precisava muito falar com ele. Cheguei ao nosso apartamento, abri uma garrafa de vinho, acendi um dos cigarros de Bruno e esperei por ele. Ele levou umas duas horas até chegar, resultado do trânsito do final do dia.

 Foram as melhores horas da minha vida, pois eu estava sozinha, pensando em mim e no Bruno, no cara maravilhoso que ele sempre foi, comemorando minha paz, especulando meu futuro e sendo grata pela chance que havia me aparecido mais cedo naquele mesmo dia. O Bruno entrou ansioso para saber o que eu tinha para falar. Olhou para garrafa de vinho que agora já estava pela metade e seus cigarros no cinzeiro de bronze e disse-me: "Gravidez não pode ser por que tu não estarias fumando nem bebendo". Então pedi a ele que se sentasse e comecei a elucidar sobre a proposta de meu orientador de morarmos na Alemanha. Ele ouviu tudo com muita atenção e com um verdadeiro sorriso em seu rosto tranquilo e já familiar. Eu fiquei bem satisfeita com aquela atitude, pois parte de mim temia que ele não quisesse ir para não ter que abdicar de seu emprego. Se eu conhecesse melhor o Bruno, não teria temido que ele recusasse a proposta. Ele me abraçou e me disse apenas três palavras: "Vamos embora então!".

Esse era o Bruno. Sem maiores complicações, aceitou o convite e já pensou em alugar o apartamento também, assim poderíamos pagar as prestações da compra com o dinheiro mensal do aluguel. Também me afirmou que o trabalho dele era adequado, mas não era algo que o prenderia em Porto Alegre, que a vida tinha mesmo era que ser vivida! Pareceu mais feliz do que eu, que tinha recebido a proposta. Eu conversei com ele sobre o fato de que eu teria uma bolsa de estudos suficiente para sustentar ambos, mas eu não queria que ele morasse em um local novo sem se ocupar, pois, desse modo, ele poderia amolar-se ou até deprimir-se. Bruno me olhou e riu. "Eu? Deprimido e sem ter o que fazer? Flor, até parece que não me conheces. Sou um cara que sabe se virar! Não te preocupas, eu vou arranjar um trabalho e também hobbies para nós dois! Vamos ser o casal mais feliz do mundo!". E fomos. E somos até hoje.

Na manhã seguinte, fui à universidade e informei o meu orientador de que eu aceitaria o convite, mas precisava de um pouco de tempo para me casar com Bruno. Não seria problema, segundo ele, contanto que eu começasse o processo de casamento logo. Não podíamos desperdiçar tempo. Naquele mesmo dia, fui a um cartório perto de casa para me informar como era o procedimento para duas pessoas se casarem. Foi mais simples do que eu esperava. O funcionário do cartório precisava de nossos dados completos para conduzir uma averiguação nos nossos estados civis e, uma vez feita, poderíamos marcar a data, pagar e casar. Simples assim. Eu voltei para casa naquele dia pensando se falaria para minha mãe ou não sobre o casamento, a viagem à Alemanha, o projeto na universidade. Se falasse, ela complicaria, se não falasse, ela complicaria mais ainda quando soubesse. Então resolvi ligar para meu pai e combinei um café com ele para contar as novidades.

Encontramo-nos no sábado seguinte em Porto Alegre e contei-lhe tudo. Ele apoiou o plano completo, o casamento, a viagem, mas me lembrou de que seria complicadíssimo com a minha mãe. Sugeriu-me contar para ela por etapas. Primeiro, sobre a viagem, depois, num outro dia, sobre o casamento. Marcamos um jantar na casa de meus pais com meus irmãos no final de semana seguinte, e pedi ao meu pai que começasse a prepará-la. E ele conseguiu. Disse que eu jantaria com eles no domingo, pois eu tinha boas notícias para lhes dar. Domingo chegou, e fui, sem o Bruno, à casa deles, em Canoas. Já fazia seis semanas que eu não via nem falava com minha mãe.

Ela me abraçou quando eu cheguei e me perguntou como eu estava, mas de uma maneira muito seca. Ainda hoje eu acho difícil de compreender o que se passa na cabecinha demente de minha mãe. Como uma mãe pode ser seca com um filho? E não somente agir assim, mas agir assim por tanto tempo.

Jantamos naquele domingo frio e então lhes contei da bolsa para estudar e trabalhar em um projeto na Alemanha. Meus irmãos vibraram com a notícia, mas minha mãe foi a primeira a perguntar onde o Bruno se encontrava nessa novidade. Eu não lhes disse sobre o casamento, mas contei que ele iria comigo. Minha irada mãe levantou-se e trancou-se no quarto. E essa foi a última vez que a vi. Terminamos o jantar, dei um beijo em cada um de meus irmãos, na Marcinha e na namorada de meu irmão mais novo, abracei e beijei meu pai e senti que deles eu tinha o importante apoio na minha decisão.

O casamento no cartório sucedeu-se três semanas depois, nossos vistos também vieram logo, e conseguimos alugar nosso apartamento para a Cibele, uma prima do Bruno que queria morar com seu namorado como um teste antes de se casar com ele, mais tarde. Foi tudo muito simples e fácil, da maneira do Bruno. Minha mãe não estava presente no cartório, tampouco no jantar que oferecemos depois do breve evento, mas meu pai, meus quatro irmãos, a Marcinha, que nessas alturas já estava grávida de oito meses, os pais de Bruno e sua irmã, estavam todos conosco celebrando essa ventura.

Partimos para Berlim dez dias depois que recebemos os vistos e quando chegamos não levamos nem quinze para encontrar um apartamento. Eu comecei o meu projeto na primeira semana, e Bruno, em três semanas, já estava trabalhando na recepção de uma academia de ginástica. Tudo foi muito fácil e ameno, pois eu sabia que não precisava mais me preocupar com a aprovação de minha mãe, que não se prestou para se despedir de mim.

Já estamos no final do primeiro ano aqui na Alemanha, fizemos bons amigos e daqui a dois meses temos que voltar ao Brasil, pois tenho compromisso em terminar meu doutorado, uma vez que tenho bolsa de estudos no Brasil também. Nesses dez meses, nunca ouvi da minha mãe, apesar de saber, pelo meu pai, que ela está cada vez mais descontrolada. Agora ela deu para implicar com a nova namorada de um dos meus irmãos, o Sérgio, pois diz ela que a moça não se veste apropriadamente e deve ser uma vagabunda desleixada. Eu penso em toda esta narrativa, e o único sentimento que tenho pela minha mãe é o de pena. Não sinto raiva, não sinto fúria, não sinto ódio. Sinto pena da minha mãe, que vive a vida dela pensando que todos têm que ser iguais a ela ou seguirem as suas opiniões. A sorte da minha mãe é que o meu pai a ama incondicionalmente, senão, já a teria deixado, como ela faz com as pessoas que convivem com ela.

LEANDRA, MURILO E JAMAL

Minha biografia desdobra-se um tanto ambiguamente, pois não sei ao certo sobre quem devo relatar – meu marido, Murilo, ou sobre Jamal. Sei que principiou quando eu e Murilo começamos a sair. Eu tinha vinte e sete, ele, vinte seis anos, e eu era sua professora de inglês. Não tenho o costume de me envolver com alunos, mas penso que todo professor, em alguma parte de sua espinafrada profissão, relaciona-se com algum de seus estudantes. Freud possivelmente explica. Por falar em Freud, assim como pacientes demonstram um esquisito sentimento pelos seus psiquiatras, muitos alunos desenvolvem fantasias sobre seus professores, e o contrário também vem a ser verdadeiro: mestres igualmente enamoram-se por seus discípulos.

Há uns dias, eu estava dando uma aula particular de inglês e acabei pensando no assunto. Por que será que existe essa atração entre os dois mundos tão proibidos e contra a ética? Não demorei muito para chegar a uma resposta. Era mais singelo do que parecia: tanto os pacientes e seus analistas quanto os alunos e seus professores conversam abundantemente em suas sessões e dividem assuntos muito íntimos e privados de suas vidas. No contexto escolar, essa fixação tende a se desenvolver em aulas particulares, em que há interação somente entre duas pessoas, o tutor e o aluno. Tanto a minha história com Murilo quanto a com Jamal começou em sala de aula. Mas vamos por parte, iniciemos com o Murilo.

Eu recém voltara da Inglaterra, onde havia cursado um módulo de inglês profissionalizante para professores. Não era a primeira vez que eu havia morado em Londres, pois já havia estudado inglês como segunda língua anos antes, nessa cidade que tanto me encanta. Arranjei um emprego rapidamente ao regressar ao Brasil, pois uma educadora de inglês formada em Letras por universidade federal e com alguns anos de cursos no exterior é considerada bem qualificada se compararmos aos diversos aventureiros que vão aos Estados Unidos, Inglaterra ou Austrália para fazer faxina por seis meses e retornam ao Brasil intitulados professores de inglês. Encontrei um emprego em uma escola que não se enquadrava exatamente como uma escola, mas um escritório de consultoria em língua inglesa. O nome era todo sofisticado, seguido de *Consultancy in English,* mas o que realmente fazíamos era dar aulas de inglês. Foi onde Murilo e eu nos conhecemos.

Era um escritório que tinha como público-alvo os empresários de uma corporação. O dono da escola, meu antigo chefe, foi bem engenhoso, pois conduziu uma pesquisa de mercado, descobriu que aquela empresa queria propiciar aulas de inglês para seus funcionários e foi assim que ele entrou em cena. Alugou três salas no prédio ao lado, comprou mesas, cadeiras, computadores, livros, *interactive boards,* e contratou uma secretária e alguns professores. A escola estava pronta, agora ele tinha que ir à empresa, convidar os funcionários a uma aula demonstrativa e, dessa forma, matricular-se-iam no mais novo curso de inglês de Florianópolis. Meu antigo chefe havia cursado um MBA nos Estados Unidos e, por essa razão, era um bom administrador e sabia abrir e manter um negócio.

O Murilo possuía um ótimo nível de inglês e começamos nossas aulas com o livro acima do intermediário. Mostrava-se inteligentíssimo. Éramos somente os dois em aula, e esse foi um motivo para que mantivéssemos diversas conversas bastante íntimas. Ele tinha uma namorada sobre a qual falava bastante. Porém eu percebi, com o decorrer do tempo, que ele não mencionava mais tanto seu nome como no início. Logo notei também que ele não atendia seu telefone quando tocava, como fazia no princípio. Ele começou a me atrair demasiadamente. Era um rapaz novo, com ideias reluzentes, charmoso, bom de conversa e uma companhia muito, mas muito agradável.

Já estávamos no nosso quinto mês de aula quando eu, num ímpeto momento, convidei-o para jantar. Ele ficou um tanto pasmo na hora, mas não tinha certeza se meu convite era apenas amigável ou continha um pouco mais de malícia. Saímos, então, no final de semana. Foi um típico primeiro encontro, com direito a jantar fora e cinema. O que não tinha nada de típico para mim era que ele ainda estava comprometido. A menina era uma antiga colega de trabalho que agora trabalhava em outra empresa, mas a relação de ambos era contínua. A namorada que estava prestes a ser traída passava um mês na Nova Zelândia, onde aprimorava seus dotes na língua inglesa. Nada, no entanto, atrapalharia nossa futura relação. Apaixonamo-nos. Já éramos apaixonados um pelo outro desde a sala de aula. No sétimo mês, parei de ensinar inglês a ele, pois a relação foi se tornando cada vez mais séria, e nossas aulas tinham que ser igualmente levadas a sério. Conversei com meu chefe, que compreendeu sem problemas, e passou meu aluno das quintas-feiras para outra professora, a Sharon, e eu ganhei outro grupo. Murilo achou uma boa ideia, assim nossa relação seria somente pessoal, não mais profissional.

O sol intenso do verão chegou, as pessoas saíram de férias, festejaram o Carnaval, o calor se encerrou, as folhas caíram e cobriram o chão, o frio apareceu, choveu, esfriou mais ainda, choveu novamente, o frio se foi, as flores brotaram. Já namorávamos firmemente quando Murilo foi transferido para trabalhar na matriz da sua empresa, na Inglaterra. Uma oportuna chance de promoção para ele; para mim, nada melhor do que morar em Londres outra vez, poder fazer cursos e aprimorar ainda mais o meu instrumento de trabalho. A decisão foi tomada ligeiramente, pois ambos nos atraímos muito pela sedutora proposta de morar no exterior. Murilo receberia o visto de trabalho, mas eu não necessitava disso, pois tinha dupla nacionalidade e, para minha facilidade, era europeia.

Levou pouco tempo e Londres nos recebeu muito bem. A adaptação é sempre um pouco aborrecedora, uma vez que temos que recomeçar em tudo, mas contávamos com auxílio da empresa de Murilo, e o processo não foi dos mais complexos. Residíamos a uma hora do centro de Londres, em Upminster, visto que a matriz da empresa localizava-se nos subúrbios da capital. Delongamos um mês aproximadamente para aprontar a casa. Enquanto eu arrumava nossas instalações e conhecia a área dos subúrbios, fui procurando por emprego. Encontrei um trabalho voluntário em Shepherd's Bush, ao oeste de Londres. Eu pegava a District Line e trocava para a Central Line, em Notting Hill Gate, duas vezes por semana, pois eu tinha aulas de inglês com um grupo de imigrantes todas as segundas e quartas-feiras pela manhã. Eu não recebia salário, mas aceitei intuindo que essa experiência de dar aula no exterior seria válida e necessária para o meu futuro profissional. O grupo era composto de pessoas que vinham do Kosovo e Argélia, que tinham refúgio político garantido pela Inglaterra. Eram famílias que foram tentar uma vida mais digna e justa na Europa e que, por motivos relacionados à segurança política, eles não podiam retornar aos seus países. Eram sujeitos muito humildes, muito agradecidos e respeitavam-me muito.

Eu me sentia especial quanto ministrava aquelas aulas de inglês, pois fazia uma diferença na vida daqueles sobreviventes.

Em meados do quarto mês na Inglaterra, eu consegui um segundo emprego, o de dar aula de português para estrangeiros em um escritório em Canary Wharf, ao leste de Londres. Não podia parecer mais perfeito: segundas e quartas eram destinadas às aulas de inglês, terças e quintas, a português. Meu aluno era um auditor internacional em uma grande corporação que tinha filial no Brasil. Esse meu aluno chamava-se Jamal.

Mas antes de contar sobre o Jamal, ainda tenho que relatar sobre o Murilo. O Murilo é a pessoa mais doce que conheço e o homem mais cauteloso que já me relacionei. Sempre muito prestativo, o que me chamava atenção nele era sua calma e paciência com qualquer situação e qualquer pessoa. No nosso primeiro ano morando na Inglaterra, tivemos alguns problemas como casal e como estrangeiros residindo no exterior. Eu me sentia um tanto solitária em Londres, uma vez que Murilo trabalhava oito horas por dia e precisava de uma hora até chegar ao trabalho e mais uma hora até voltar para casa. Como eu trabalhava poucas horas por dia, eu passava muito tempo solitariamente e acabava entristecendo-me e tornando-me um tanto carente.

Murilo tentava recompensar-me à noite, quando seguidamente cozinhava um jantarzinho delicioso para nós dois, e aos finais de semana, os quais passávamos grudados como um casalzinho no início de namoro. Quando a cidade estava sob flores e um clima afável, íamos a parques fazer piqueniques deitados sobre uma manta na grama. Andávamos de bicicleta e jogávamos migalhas de pão para os patos nos riachos. Quando o tempo estava chuvoso, frio ou havia um cobertor de neve sobre o chão, aproveitávamos nossa aconchegante casa embaixo de edredons e pipocas, assistindo a uma verdadeira maratona de filmes.

O problema não era, nitidamente, com o Murilo. A questão foi que me senti muito sozinha no período em que morávamos na Inglaterra, e comecei então a procurar fazer mais amigos. Amigos com o nosso nível cultural, social e econômico, no entanto, só encontrávamos por meio do trabalho de Murilo. Havia jantares e encontros com os colegas da firma dele, mas eu precisava fazer amigos por mim mesma, sem que tivessem relação com a empresa ou com o Murilo. Foi assim que o Jamal passou de aluno para amigo.

O Jamal nasceu em Londres, mas a origem de sua família era indiana, como muitos na Inglaterra. Ele tinha, na época em que eu lhe dava aula, trinta e quatro anos, era casado e pai de duas filhas. Como já mencionei aqui, os alunos têm a tendência de compartilhar muito de suas vidas privadas com seus professores particulares e não foi diferente com Jamal. Em uma de nossas lições, o mote era casamento. Ele deixou escorrer de seus lábios sobre seu casamento arranjado, pois foram o pai e a mãe que arrumaram uma noiva para ele. Como ele era o filho mais velho, jamais causaria no pai uma decepção e casou-se com a noiva indiana prometida, Minela. Contou-me do casamento com setecentos convidados, das sessenta mil libras investidas na festa, das vestimentas das pessoas e do vestido de noiva que, quanto mais ouro tivesse, mais a família demonstrava sua fortuna. Confidenciou-me como era desgostosamente infausto no seu matrimônio, que já durava dez anos. Também relatou sobre suas independentes irmãs mais novas e como elas responderam ao pai quando ele quis casá-las. A irmã do meio casou-se com um indiano que ela mesma escolhera. O pai não se mostrou muito satisfeito com tal união, mas como o marido era indiano, não houve maiores problemas. A irmã caçula não chegou a se casar, mas vivia junto ao namorado sul-africano, e o pai nunca aprovou tal ajuntamento, já que o rapaz não vinha de família indiana. O pai recusa-se a falar com ela, nem por telefone.

Depois de muitas confissões em sala de aula, Jamal, quem eu agora julgava ser um amigo e não apenas estudante, convidou-me para almoçar. O indiano britânico era o aluno ideal, pois demonstrava um grande interesse na cultura brasileira, no povo brasileiro e também no português, facilitando, desse modo, sua comunicação na língua-alvo. Ele também era falante de várias outras línguas, o que facilitou o aprendizado de mais um idioma. Eu considerei que o almoço seria para ele ter a chance de praticar mais o português, e eu, para ter alguém para conversar que não fosse da empresa de Murilo. Mas não foi apenas isso.

Jamal, após nosso almoço frente a um pequeno pub irlandês, onde almoçamos o típico *fish and chips*, entre gotas de suor decorrentes de seu escuro couro cabeludo e mãos nervosamente estremecidas, aprontou-se para verbalizar o que o incendiava por dentro, mas as palavras que se dispunham para ele começaram a se estremecer. Inalou todo o ar disponível de dentro de seus pulmões e revelou seu mais novo segredo. Encontrava-se abstrusamente confuso, pois estava desenvolvendo sentimentos por mim. Articulou prolixamente que não conseguia deixar de ver meu rosto em qualquer pessoa ao seu redor, que ficava me imaginando como sua esposa, a mãe de suas filhas. Nada mais foi pronunciado naquela tarde de quinta-feira. Despedimo-nos. Eu peguei meu trem para casa, e ele caminhou até seu o escritório. Mas eu não podia ir para casa como se nada tivesse ocorrido. Tinha incidido o inesperado. Meu único aluno que me rendia um dinheiro, pouco, mas era o que eu tinha, e único amigo que havia feito fora do meio de Murilo, estava apaixonado por mim, e eu teria que parar de lhe dar aulas caso não quisesse que uma anarquia decorresse. A situação era agora periclitante.

 Passei o final de semana inteiro com aquele sentimento de traição, apesar de não ter feito absolutamente nada para o Murilo. Era um sentimento de quem comete um crime e deve, eventualmente, desvendar o segredo e arcar com as consequências. Conforme meu profissionalismo de praxe, na terça-feira voltei ao meu local de trabalho para dar minha aula de português. A aula, todavia, não podia correr normalmente. Não éramos cínicos ao ponto de não citar o assunto da quinta-feira anterior. Fui eu quem tomou a iniciativa e o questionei se ele pretendia continuar nossas sessões como se nada tivesse sucedido ou se deveríamos arranjar outra professora de português para ele. A expressão de surpresa que se sentou no rosto de Jamal foi como se um falante de grego tentasse entender um de japonês. Ele não aguardava uma pergunta assim. Estava torcendo para eu fazer planos com ele e deixar o Murilo, pois ele já havia dito à sua esposa que iria deixá-la. Um sentimento de horror então tombou em mim. Como assim querer largar sua esposa? Como assim contar a ela de um sentimento por mim sem ter me comunicado? Como assim eu ter que pensar em abandonar meu marido? Como assim? Como assim? Como assim?

 Precisei de uns quinze minutos para me acalmar daquele alvoroço e pedi a ele que me trouxesse um copo de água. Ele o fez e ficou esperando eu lhe dar uma resposta. Eu estava pasma com toda aquela novidade, com todas aquelas informações importantes que me bombardearam em questão de minutos. Então lhe perguntei como ele tinha tido a audácia de contar sobre um sentimento incerto e duvidoso para sua mulher, com quem ele era casado havia mais de dez anos, sem ter antes me perguntado se eu teria algo com ele. A resposta dele foi pura. Sussurrou-me que não era algo que dizia respeito a mim e, sim, algo que ele estava experimentando e jamais poderia viver com uma mulher tendo sentimentos e desejos por outra. Ele alegou-me que não importava o que eu decidisse, ele não seria capaz de continuar um casamento amando outra pessoa. Retirei-me da sala e assegurei-lhe que eu ligaria ainda naquele dia. Busquei, então, pelo meu amparo predileto em Londres: peguei o ônibus duzentos e onze em direção a Chelsea, sentei-me no segundo andar e lá fiquei por algumas horas. Indo e vindo pelas mesmas ruelas da minha cidade favorita, observando todas aquelas pessoas caminhando sem ouvir suas vozes e as lojas que se repetiam. Aquilo me acalmava.

 Refleti sobre aquela situação, que viria logo a tomar o curso de um verdadeiro caos: o meu casamento, a mudança para a Inglaterra, o fato de estar longe de minha família e minhas amigas, o meu aluno, que agora me amava e queria divorciar-se de sua esposa, o casamento de sessenta mil libras, os setecentos convidados, os dez anos e as duas filhas. Era muita responsabilidade para uma singela terça-feira. Pensei nas poucas pessoas a quem eu poderia recorrer. Liguei para minha melhor amiga e também prima, a Mirela, que foi pega de surpresa. Obviamente, Mirela inclinou-se a favor de Murilo, meu marido, que ela conhecia e mantinha um imenso respeito e carinho. Eu também não tive dúvidas do meu amor por ele e que teria que abdicar de minhas aulas de português e de ver o Jamal. Seria o melhor a fazer e foi o que fiz. Liguei para ele naquela terça-feira de tarde e disse-lhe que ambos tínhamos casamentos a serem considerados e que se ele não era feliz no dele, era uma pena, mas que eu era no meu.

 O que não percebi era que a paixão que Jamal se referia era verdadeiramente forte, pois o indiano de casamento arranjado nunca tinha amado antes e não consideraria um divórcio se não fosse por uma razão muito nobre. Era assim que Jamal havia vivido sua vida, com um pai que se casou com a mãe sem essa estar presente no próprio casamento. O pai havia se mudado para a Inglaterra antes de uma tia escolher uma noiva para ele na

Índia. Uma vez encontrada, o pai indiano não foi buscar a noiva no país de extrema pobreza, onde a vaca é considerada um animal sagrado. Somente enviou uma foto de seu rosto e casaram a mocinha com a foto mesmo. Apenas um ano mais tarde, a mãe de Jamal foi morar na Inglaterra com o marido, pai de Jamal. Era esse tipo de casamento com o qual ele e sua família estavam acostumados.

    Nos dias seguintes, tentei expungir o que Jamal havia me confessado, mas não conseguia. O homem que havia me confessado uma paixão puramente rija não saía da minha cabeça e estava começando a solidificar-se no meu coração. Pensava nele dia e noite, e Murilo começou a perceber. Eu tinha uma desculpa pronta na ponta da língua em todos os instantes e acabava culpando o clima de Londres ou o frio do inverno pelas minhas expressões entristecidas e desanimadores comportamentos. Contudo, chegou o verão e aquela amargura continuava agarrada em minhas costas, e eu não demonstrava mais o mesmo carinho por Murilo. Agi assim por mais quatro meses, que se igualaram a uma eternidade. Quando essa história completou seu primeiro aniversário, resolvi dar uma basta e fui atrás do Jamal.

    Era uma sexta-feira. Decidi ir ao escritório dele. Cheguei e pedi para a secretária que me anunciasse. Ele mesmo veio até a recepção me receber. Estava lindo como nunca estivera, tinha os olhos resplandecentes e um sorriso charmosamente irresistível. A pele morena brilhava entre os dentes brancos. Sim, eu estava inteiramente apaixonada. Ele me convidou para acompanhá-lo à sua sala, mas retruquei o convite e propus sair para almoçar. No elevador que decrescia, o clima ascendia entre nós dois. Encontrávamos insanamente desejados um pelo outro. A vontade era de grudar nossos corpos e de nos beijarmos e arrancarmos as roupas naquela caixa de vidro que, de uma maneira arrebatadora, leva as pessoas para cima e para baixo. Mas nos contivemos.

    Saímos do prédio e fomos caminhando sem direção. O sentimento forte de tesão que preenchia meu corpo era algo que eu não sentia havia tempos, um calor que me soqueava o estômago e me cortava o ar, ao mesmo tempo, um sentimento próspero e leviano de estar tão próximo do Jamal novamente. Caminhamos por mais uns quatro quarteirões e vimos um *Bed and Breakfast* muito discreto e tipicamente inglês. Localizado em um prédio de três andares de tijolo à vista e janelas brancas, o simpático hotelzinho viria a concretizar aquele ato que até então fazia parte de meus sonhos apenas. Não houve necessidade de discurso naquele momento, foi simplesmente um olhar. Entramos e pedimos um quarto para a recepcionista, que usava um inglês com sotaque de espanhol porto-riquenho. Subimos um lance de escada e vimos nosso quarto, *Room 11*. Abrimos a porta, entramos, e aquele se tornou o momento mais excitante, incendiário, apaixonante, carinhoso e sensual que experienciei. Sentimento de culpa por estar traindo Murilo, mesclado com muito tesão e felicidade de estar próximo a Jamal.

O inglês de origem indiana tocou-me fortemente, mas ao mesmo tempo era carinhoso e gentil. As suas mãos morenas percorriam o meu cabelo delicadamente, mas, de quando em quando, puxavam minhas madeixas fortemente. Ora ele me cariciava amorosamente, ora me apertava e me dava ligeiras mordidinhas. Eu senti seus braços contra meus seios. Senti seus dedos entre meus mamilos. Eu senti a respiração forte e excitada dele nos meus ouvidos, percorrendo meu pescoço, nuca e orelhas. As mãos escuras dele agora desceram para baixo da minha saia, alcançando minha calcinha molhada. Seus dedos cursaram meu clitóris, e seus dentes mordiam levemente meus mamilos. Fiquei despida por completo. Era meu corpo contra o dele, ainda vestido. A cena de eu estar nua e ele vestido colocava-me em uma posição dominada, em que ele era o dominador e eu, a dominada. Isso me dava mais tesão ainda. Eu comecei a despi-lo e tirei todas as peças de roupa ao mesmo tempo que eu o mordia suavemente. Seus dedos fortes puxavam meus cabelos ainda mais intensamente, e o corpo moreno dele se deitou em cima do meu. Enquanto puxava meu cabelo forte, seu pênis entrava em mim. Transamos por duas horas consecutivas, em que eu o chupava, ele me chupava, eu gemia, ele sussurrava seus gemidos, eu continuava fazendo gestos nele que continuavam a excitá-lo, ele me beijava, ele me lambia, ele me tocava e me masturbava e eu gozava novamente, e assim fomos por duas – e fabulosamente excitantes – horas.

O nosso mais íntimo momento foi interrompido por uma chamada de telefone. Jamal me ciciava o quanto estava feliz por estar ali, naquele quarto antigo de hotel comigo, possuindo-me, quando o seu celular tocou. Ele atendeu, apesar do constrangimento, e só o que ouvi foi: *"Ok, I'm on my way to the hospital"*. Assustei-me, pois quando o telefone tocou, pensei que era alguém de seu escritório indagando sobre seu longo almoço. Era sua esposa, no entanto, que estava indo ao hospital dar luz à terceira filha deles.

Minha noção de espaço, tempo, vida e de qualquer realidade acabou ali mesmo, naquele quartinho de hotel barulhento, com paredes descascadas e uma calefação enferrujada. Foi o momento em que percebi o grande erro e a traição que nós dois havíamos cometido. Sua esposa estava esperando outra menina dele, Jamal seria pai novamente. E todo o amor que ele jurou ter por mim? E como havia me falado que não poderia continuar casado com alguém amando outra mulher? Jamal, entretanto, não tinha tempo para me responder ou sequer explicar-se, tinha que ir imediatamente para o hospital. Vestiu-se ligeiramente e deixou-me com libras para que eu pagasse nossa diária no B&B que sediara nossa felonia. Pediu-me desculpas, mas tinha de ir. Implorou-me que eu ligasse para ele ainda naquela sexta-feira, para me ver no final de semana.

Todo aquele tesão de uma pessoa perdidamente arrebatada foi substituído por uma dor e culpa pelas quais eu mesma era a responsável. Minhas atitudes infantis teriam um efeito em mim, em Murilo, em Jamal, em suas filhas e em sua esposa, que estava prestes a ser mãe novamente. Minha angústia não veio ladeada somente por culpa, mas raiva, constrangimento, vergonha e ciúmes. Fui afogada por uma onda de amargura. Um medo apalpou meus ombros. Fiquei naquele quarto de hotel por mais duas horas chorando e só saí para comprar cigarros e um café amargo. Chorei, chorei e chorei. Pensei. Pensei muito. E tomei a decisão sobre meu futuro e o futuro daquelas sete pessoas que estavam diretamente e indiretamente envolvidas naquela tarde de traição.

Eu não me orgulho da minha decisão e muito menos da dor que causei à família do Jamal e ao Murilo. Mas aquele amor tinha que ser vivido. Era muito forte o que sentíamos um pelo outro e não podíamos viver nossas vidas ignorando aquela paixão transcendental. Saí do hotel, caminhei até a estação de trem e tomei meu destino para casa. Eu necessitava conversar com o Murilo. Cheguei à nossa casa antes do que ele e arrumei minhas malas. Nelas, coloquei minha culpa torcida junto com minhas roupas. Uma tristeza imensa começou a caminhar sobre meu corpo e minha cabeça, visto que deixar um marido não é uma tarefa fácil. Abandonar um marido em um país que não é o seu, onde você não tem amigos ou familiares, é mais difícil ainda. Mas levei adiante a minha decisão. Se o Jamal resolvesse ficar com sua mulher, eu voltaria ao Brasil. Caso contrário, começaria uma vida com ele.

Murilo entrou em casa às sete da noite naquela barulhenta sexta-feira. Pedi-lhe que se sentasse e contei tudo a ele. Desde o dia em que Jamal me confessou sua atração por mim, o ano inteiro que pensei nele e a tarde no hotelzinho interrompida com a ligação de sua mulher dando a luz no hospital. Murilo, o homem mais doce que conheci, disse-me que eu deveria encontrar a felicidade. Se eu não estava mais satisfeita ao lado dele, deveria unir-me a quem me fizesse feliz. Confessou-me também que jamais iria prejudicar a minha felicidade. Eu disse que ele era um doce de pessoa. No instante em que Murilo me proferiu tudo aquilo, eu estava ciente de que estava deixando um marido maravilhoso e muito compreensível. Junto ao medo que me apalpava os ombros, coçava-me um arrependimento. Mas mesmo assim, continuei em frente com minha decisão.

Abracei-o longamente, lágrimas correram por nossos rostos e fizemos amor ali na sala, entre o sofá e a lareira, e foi um sexo quente, mas com muito carinho e ternura. Quando acabamos, ele me pediu que ficasse. Chorou e me pediu que ficasse. Afirmou ser normal o casal enfrentar problemas, que era possível um se apaixonar por outra pessoa fora do casamento, mas que em um casamento era necessário trabalho e esforço de ambas as partes para fazerem a relação dar certo, que não se deixava um casamento por uma aventura e muito menos para destruir outra família.

Eu sabia que Murilo estava correto em suas palavras. Ao longo de um casamento, podem aparecer figuras interessantes que nos balançam, mas só o mais fraco se deixa sacudir. Eu me deixei. O Jamal viveu na minha cabeça sonhadora por muitos anos depois disso, vive até hoje, e tenho a certeza de que o amo tanto quanto amo o Murilo, mas resolvi dar uma chance ao meu casamento. Pedi ao meu marido que voltássemos a morar no Brasil, pois eu teria muitos amigos e minha família e, o principal, não teria Jamal por perto.

Nunca mais ouvi nem vi o Jamal. Espero que ele esteja bem com a esposa e as três filhas. Jamais dei a chance de ele me falar qualquer coisa a respeito de nós ou daquela terceira filha. Não nos vimos depois daquela tarde incendiária e excitante, e deixei as coisas do jeito que estavam. Se ele ainda pensa em mim, não sei. Eu ainda penso nele, todos os dias. Tenho gravado aquele sorriso irrecusável em frente ao *B&B* convidando-me para uma tarde que jamais se apagaria da minha mente. Desativei meu antigo e-mail, por onde tínhamos contato, e perdi qualquer relação com ele. Já faz dezessete anos que isso aconteceu. Murilo e eu vivemos em Florianópolis desde então e temos a coisinha mais preciosa de nossas vidas, a Allegra. E como o nome dela já indica, ela nos trouxe uma imensa alegria, e hoje reconheço que aquilo com Jamal foi uma aventura, uma fraqueza que me vestiu. O mais engraçado disso tudo é que nós, mulheres, frequentemente achamos que seremos traídas, que são os homens que serão os fracos quando se diz respeito a casamento. Mas podemos errar.

MARTA E CARLO

Velocidade para mim é perturbador. Sempre demonstrei incômodo com a rapidez com que meu marido e os outros motoristas nas ruas dirigiam seus carros. Não foi à toa. Quando eu tinha nove anos, meu pai, minha mãe e eu nos acidentamos de carro. Estávamos viajando de Córdoba a Buenos Aires, em uma noite chuvosa e *papá*, por mais cuidadoso que fosse, tinha uma péssima visão da estrada. Acercava-se tarde da noite, *mamá* dormia no banco da frente, e eu, no banco traseiro. Ambas cochilávamos um sono leve e acordávamos frequentemente, pois chovia torrencialmente, e não tínhamos como ignorar os trovões da chuva. Em um desses repetidos despertares, notei que havia um homem alto e encharcado parado no encostamento logo à frente, e o próximo – e último – gesto do homem que presenciei foi o arremesso de seu corpo contra nosso carro. Ele almejava suicidar-se, mais tarde revelou sua família no julgamento. Alcançou tal anseio.

Papá tentou desviar o carro do esguio homem ensopado, mas não conseguiu manter total controle da direção devido à forte chuva, e caímos fora da estrada em campo descente. O carro continuou descendo, lentamente, graças a Deus. Rememoro-me vividamente da sensação da queda, que não foi muito violenta, já que meu pai estava guiando o carro vagarosamente. No entanto, a chuva fez com que o carro escorregasse cada vez mais mato adentro. Um simpático idoso, de expressão forte e enrugada, nariz redondo e olhos caídos, que fumava seu palheiro e assistia à chuva cair em seu casebre, viu o acidente e chamou ajuda.

Minha mãe permaneceu desacordada por algumas horas, mas no hospital, acordou. Uma ambulância estrepitosa chegou ao local em menos de uma hora e, na manhã seguinte, já estávamos os três fora de perigo. Minha *mamá* continuou um pouco transtornada, pois não tirava de seu pensamento uma envelhecida vidente de mãos e face de uva passa que ela havia visitado logo antes de eu nascer. A mulher feiticeira havia dito à *mamá* que sua filha seria vítima de um número ímpar de acidentes, de acordo com os astros. *Papá* afirmou-lhe ser bobagem. Não foi um desastre letal, mas para os olhos infantis de uma criança assustada, ao meio de uma noite chuvosa, um acidente é sempre um trauma. Eu não precisei de terapia, mas em muitas noites acordei agitada e suada devido a pesadelos com carro, noite e chuva.

Após um punhado de fases saboreadas, casei-me com Carlo quando eu tinha vinte e poucos anos. Morávamos em Buenos Aires até Carlo aceitar um convite para trabalhar em uma das filiais de sua empresa multinacional, localizada em Toronto. Ficamos animadamente entusiasmados com a ida ao Canadá, apesar de que eu sabia que seria muito difícil viver longe de meus pais, com os quais sempre fui muito apegada. Contudo, fomos de qualquer maneira.

Ofereceram a Carlo um salário irrecusável, a maioria de nossas contas seria paga pela empresa assim como nosso aluguel. Como um sonho de muitos casais no início de seus casamentos, mudamo-nos para o novo país a ser explorado. O primeiro ano foi um pouco complexo para mim e para Carlo também. O princípio é cheio de novidades boas, mas qualquer conquista é mais custosa do que quando estamos em nosso próprio país. Éramos principiantes na cidade nova, bem como tudo que vinha com ela: ruas, como se mover nelas, o severo clima, fazer novos amigos, conseguir emprego, encontrar uma casa que agrade a ambos, mobiliá-la. Enfim, por um lado, é muito atrativo, por outro, cansativo. Mas éramos jovens, eu tinha trinta anos, e Carlo tinha trinta e dois quando embarcamos nessa aventura.

Carlo sempre foi muito responsável com nossos ganhos e situação financeira, com nossa saúde, com nossa moradia, com nosso bem-estar e, principalmente, comigo. Respeito era a palavra-chave para ele, que me colocava em primeiro lugar em qualquer situação e não aceitava nada com que eu não concordasse. Não daria uma resposta a ninguém antes de me consultar. Porém, Carlo tinha um grande problema: sua vontade de viver intensamente e, de certa forma, perigosamente. Carlo pulou incontáveis vezes de *bungee jumping*, de paraquedas, voou de asa-delta, acampou em florestas de mata cerrada, fazia esportes radicais, surfava e, o mais extremo de todas as suas aventuras: ele adorava correr de carro.

Eu nunca fui o tipo de esposa que proibiria ou não incentivaria as vocações dele, ao contrário, dizia-lhe que ele deveria expor-se a todos os perigos antes de termos filhos, porque depois disso, eu não aceitaria que ele colocasse nossas vidas em risco. Ele concordava comigo, foi diminuindo os esportes mais radicais e manteve os mais amenos, como acampar ou surfar. No entanto, teve uma mania que ele jamais perdeu, a de correr de carro. Não estou me referindo a corridas com outros carros, mas de velocidade rápida nas estradas.

Com seu avantajado salário, Carlo comprou um automóvel conversível no Canadá. Como tínhamos uma caminhonete da empresa para usar, ele deu-se ao luxo de ter um carro que não teria na Argentina. Eu o apoiei, contanto que ele se cuidasse, mas eu temia que isso não acontecesse. Eu jamais desenvolvi uma paixão por carros, mas tentava ser uma esposa companheira quando ele queria passear com seu adorado e tão falado Mustang aos finais de semana, e fizemos isso durante todo o primeiro verão em Toronto. Logo que esfriou, Carlo abandonou seu conversível e usava o Jeep, uma vez que era mais confortável e abrigado. O nosso segundo verão no Canadá avançou, e Carlo encontrava-se ansioso para voltar a dirigir seu conversível no sol, com o vento transcorrendo o rosto. Fomos, num sábado pela manhã, passear por umas vilazinhas do interior, onde havia bastante parques, árvores, matos, magníficas casas, esquilos e veados.

Eu me sentia a pessoa mais maçadora do mundo porque pedia a Carlo que não corresse de carro quando eu estava junto. Para mim, sempre foi mais um estresse do que um prazer andar naquele carro, pois não havia proteção nenhuma, era como andar em uma moto sem o capacete. E foi nesse primeiro dia de verão que, ao admirar a paisagem rural e interiorana em alamedas harmoniosamente desenhadas com casarões aos seus arredores, nós nos acidentamos. A rua em que estávamos parecia muito calma e pacata. Enquanto olhávamos para nossa esquerda, apreciando uma casa construída de pedras, um veado atravessou-se ligeiramente em nossa frente, e a reação de Carlo foi girar a direção para a esquerda.

O proeminente detalhe é que vinha um automóvel à nossa esquerda e bateu no lado em que eu estava sentada. O nosso carro virou e como estávamos sem a capota, batemos as cabeças gravemente. Carlo machucou-se bastante, mas não ficou inconsciente. Já eu, entrei em coma por causa do traumatismo craniano, que se tornou um traumatismo cranioencefálico. Permaneci nesse estado por sete meses. Fiquei no hospital no primeiro mês e depois fui transferida para uma clínica a qual meu seguro de saúde cobria. Meus pais foram a Toronto, obviamente, mas não permaneceram o tempo inteiro comigo, uma vez que os médicos não sabiam qual seria o meu porvir. Eles avaliavam que eu poderia sair do coma, mas não tinha como afirmar quando e recomendaram aos meus pais que voltassem à Argentina.

Eu saí do coma sete meses depois e afortunadamente não tive amnésia ou perda de memória, somente pequenas sequelas relacionadas à mudança de humor. Recuperei-me bem, fraca no início, mas viva. A saída do coma foi uma experiência delicada. Foi como acordar de um atroado sono profundo. A mente está vagando em algum estágio do inconsciente, e um alto estouro traz você de volta à sua órbita. Minha mente voava em círculos, até que vomitei. O vômito de água chegou acompanhado de pessoas. Não conhecia absolutamente ninguém ao meu redor, mas uma simpática enfermeira que cheirava a um doce aroma de baunilha movia seus lábios para mim. Ela tentava falar alguma coisa, mas eu não conseguia escutá-la. Meus olhos lutavam ferozmente para manterem-se abertos. Sentia-os pesados.

O próximo instante foi um torpor seguido de vozes. Eu ouvia aqueles estranhos ejetando sons de suas bocas, e o que a simpática enfermeira com aroma de baunilha deixava sair de dentro de seus lábios começou a fazer sentido. Ela dizia o meu nome. Marta. Esse era o meu nome. Marta Mandanes. Eu nascera na Argentina. Era casada com Carlo Mandanes. Dali, aos poucos, os fatos foram adquirindo senso. Carlo chegou ao local uns trinta minutos mais tarde e me abraçou e me beijou muito. Tive que dormir na clínica naquela noite para, na manhã seguinte, fazer uma série de exames. Carlo levou-me de volta para casa alguns dias depois.

Já em repouso no nosso quarto, ele contou-me sobre todos os ocorridos, o acidente, os meses em coma, a vinda de meus pais e a morte do avô e de seu neto no carro que batera em nós. Quando eu ouvi as palavras morte, avô e neto, vomitei novamente, mas agora era um sanduíche de atum e uma banana que comera no hospital. Carlo e eu nos entreolhamos, e expeli um olhar de horror para ele. Ambos, o avô e o neto de dez anos de idade, morreram com a batida do carro e o impacto do airbag. O avô era muito velhinho e magricelo, e seus ossos idosos e desgastados não resistiram ao choque. O neto, também de estatura óssea magra, era para estar viajando no banco traseiro, mas como havia implorado ao avô para sentar-se na frente, foi alvo funesto do trágico desastre.

O meu casamento viu o seu fim naquele exato momento em que descobri sobre aquelas duas mortes inocentes. Carlo cuidara de mim durante os sete meses em que fiquei inconsciente, mas eu jamais conseguiria perdoá-lo por aquele ato imprudente. Suponho que a culpa não foi inteiramente dele, mas eu tanto pedi que tivesse cautela ao dirigir aquele maldito carro, eu tanto pedi que não corresse comigo junto, eu tanto discorri sobre o acidente de carro quando eu era criança. Eu não conseguiria viver em paz e bem ao lado do homem que me causara sete meses de languidez e a morte de dois inocentes. Nossa separação não foi fácil. Por mais que eu sabia que a natureza tinha sido quase que inteiramente responsável pelo desastre, tinha uma parte de mim me lembrando de que Carlo deveria ter sido mais cuidadoso, especialmente comigo, que tanto temia velocidade. Voltei à Argentina uma semana depois do meu retorno para nossa casa em Toronto. Durante esse período, mal conversávamos. Ele dormia no quarto de hóspedes, e eu, no nosso, ainda me recuperando dos meses de fraqueza. Ele não foi ao escritório naquela semana e tentou insistentemente conversar comigo e desculpar-se.

Voltei para casa de meus pais em Buenos Aires, onde morei por três meses, até comprar um apartamento para mim. Dois quartos, dois banheiros, uma sala de estar vinculada à sala de jantar, uma cozinha de tamanho razoável e uma sacada, próximo ao Jardim Zoológico, na Avenida Santa Fé. Eu ainda não estava decidida sobre o que fazer quanto ao meu casamento, não estava certa se deveria pedir o divórcio, no entanto, comprei o apartamento assim mesmo, com total ajuda financeira de meus pais.

Em uma tarde de quarta-feira, cinco meses depois de eu ter voltado do Canadá, tocou minha campainha. Era Carlo. Tinha o corpo emagrecido e a alma fraca, o seu rosto lívido trazia olhos com sabor de desespero e arrependimento. Implorou-me perdão, jurou-me amor para o resto de nossas vidas, prometeu cuidar de mim todos os minutos de todas as horas de todos os dias, garantiu-me que não andaria mais de carros, somente de trem, ônibus ou taxi, e assegurou-me que o seu maior desejo era estar junto a mim novamente e ter filhos comigo. Como cita o ditado em diversas línguas, o tempo cura tudo. Eu já não me encontrava tão magoada com ele, e a morte daquele avô e de seu neto perturbara-me muito, mas eu tinha que dar uma nova chance ao meu casamento.

Não retornamos a Toronto. Ficamos na Argentina, nossa terra, nossa casa, o lugar que nós conhecemos e namoramos, onde nos casamos e, agora, seria o lugar para um recomeço, o lugar para recomeçarmos nosso casamento e termos nossos filhos juntos às nossas famílias.

Hoje temos duas crianças pequenas, a Malena, de três anos, e o Ernesto, de dois. Não me arrependo em momento algum da minha escolha. Sei que Carlo era um tanto inconsequente, mas acredito que ele tenha mudado e o amo do jeito que ele é. Compramos apenas um carro para eu dirigir as crianças à escola e ao supermercado ou qualquer local que eu tenha que ir. Carlo toma o *subte* todas as manhãs para seu trabalho. Retorna da mesma forma, às seis e quarenta da tarde. Quanto a mim, trabalho em uma galeria de arte no Bairro de San Telmo três vezes por semana. Procuro viver uma vida serena, em que posso curtir meu marido e meus filhos.

A única parte da minha história que não é tranquilamente contada diz respeito ao que a vidente que minha mãe fora ver quando eu estava para nascer. Se tal astróloga estiver correta, há mais, no mínimo, um acidente pela frente. Não sei se devo acreditar. Uns acham que astrologia é uma bobagem, outros dizem que não é uma questão de crer ou não, os astros estão lá, interferindo em nossa existência, queiramos ou não. A experiência concreta que tenho com a influência os astros, além da dos acidentes, está relacionada ao nascimento dos meus dois filhos. Malena foi prevista para nascer em um final de semana de lua cheia, por diferentes fontes como amigos, horóscopo e até uma enfermeira afirmou, e assim sucedeu. Ernesto foi dito nascer seis semanas prematuro, de acordo com uma jogadora de tarô, e foi exatamente o que aconteceu. Realmente não sei se julgo ser uma coincidência magnífica ou se a astrologia tem um papel significativo em minha vida. Se tiver, tenho mais um acidente para ser sofrido.

PERRINE

A consternação de presenciar a morte de um filho não tem fenecimento. Ela jamais será encerrada e te segue por todos os dias da sua vida, em algum momento, seja à noite, seja durante o dia. Uma genitora que enterra sua própria cria chora para o resto da sua vivência. É uma dor que rói o corpo todo: o peito, os músculos das pernas, dos braços, o rosto, o estômago. O rosto vive em constante tremor, os olhos, molhados. É uma perene espera por algo que não chegará. Uma completitude jamais alcançada. Se não te destrói, enrijece-te.

Em agosto do ano 2000, conheci Julian. Fomos apresentados um ao outro em uma abafada tarde de um sábado, quando um grupo de amigos reuniu-se para tomar banho de cachoeira a uns quarenta quilômetros de Bilbao, ao norte da Espanha. Éramos aproximadamente dez pessoas, e eu tinha sido convidada por uma amiga, Nuria, que namorava um dos rapazes. Eu conhecia apenas a Nuria, que me prometera um passeio divertido e aprazível e gente interessante naquele morno dia do verão espanhol. Saímos mais ou menos às duas da tarde em três caminhonetes e chegamos ao lugar das cachoeiras uma hora depois. A vista era espetaculosa e incluía árvores redondamente grandiosas, plantas coloridamente exóticas e compridas cachoeiras refrescantes. A água estava geladinha naquela tarde quente aos arredores de Bilbao. Levamos roupas de banho, lanches e sangria para passar o dia.

No início, Julian não atraiu a minha atenção, mas depois de algumas horas conversando e jogando água um no outro, comecei a sentir-me muito à vontade com a presença dele. Mas não passou disso, ao menos naquele morno episódio vespertino de agosto. Ao anoitecer, começamos a juntar as coisas e pegar as caminhonetes para ir embora. Eu voltei de carona na mesma de Julian, pois queria passar mais tempo com ele. A viagem de volta alongou-se um pouco mais do que a ida, pois era noite, e a estrada estava mais escura. Deixamos outra menina, a Hanna, em sua casa, e Julian levou-me para a minha. Quando eu estava para sair do carro, fui dar o famoso beijinho de tchau em sua bochecha, mas ele atreveu-se a colher um beijo de minha boca. A *french kiss*. Um atrevido beijo que me derrubou. O clima entre nós dois apontava que algo se passaria, mas mesmo assim meus joelhos afrouxaram-se, meu estômago remexeu-se todo por dentro e era oficial, eu havia me encantado por Julian ao ponto de sentir borboletas no estômago, naquela tarde, nas cachoeiras.

    Dias mais tarde, Nuria confessou-me que ele havia lhe pedido o meu telefone. Fiquei toda boba ao saber que ele pretendia dar continuação àquele ocorrido na caminhonete. Era sexta-feira quando ele fez seu primeiro contato. Eu estava almoçando na casa da minha tia, como todas as sextas-feiras, deliciando-nos com o peixe assado por ela mesma. Nesse dia, eu também encontro meus dois primos e minha avó. Mantemos esse hábito para encontrar o que restou de nossa família, pois minha mãe faleceu quando eu ainda tinha oito anos e meu pai, doze. Tia Beth faz até hoje esse almoço às sextas-feiras, um pouco por pena de mim, afinal, perder a mãe e o pai quando ainda se é criança "pode marcar a vida da menina". Era o que eu costumava ouvir quando essa era a única tragédia em minha vida.

    Estava terminando de comer quando tocou meu celular. Eu já tinha pedido para Nuria pelo número de Julian, pois assim, quando ele ligasse, eu saberia que era ele. Conforme agem quase todas as mulheres, fingi surpresa quando ele desvendou quem era, aparentei não estar esperando por aquela ligação. O atraente espanhol de pai francês convidou-me para jantar naquele mesmo dia. Com um tantinho de orgulho, segui o conselho do meu primo, que sempre disse para nunca estarmos disponíveis tão facilmente. Assim, menti a ele que eu tinha um coquetel em uma exposição de arte para ir naquela noite, mas que sábado estaria livre. E sábado então foi marcado. Ele me buscou em casa, e fomos a um restaurante tailandês ao leste de Bilbao. Desde aquela apimentada janta, demos iniciativa ao nosso galanteio. Os primeiros meses foram arrebatadores, com direito a jantares à luz de velas, cinemas tarde na noite, horas na cobertura de seu prédio regadas a champanhe e algumas tardes mais nas cachoeiras, penetradas de sexo. Foi um bom início.

    Passados um ano e um mês, Julian fez-me a maior surpresa da minha vida, ao menos naquela época: levou-me a Paris num final de semana e, em um pequeno e aconchegante restaurante, com mesas e janelas nanicas para o

Sena, mergulhados em uma atmosfera muito romântica e cortês, fui pedida em casamento. Seguido do sim que lhe respondi, caminhamos pela beira do rio naquela noite fresca e inesquecível da cidade Luz, declarando-se um para o outro como dois apaixonados deslumbrados. Conversávamos assuntos já referidos antes, mas não nos importávamos. Era um imaculado prazer de estarmos juntos ali, naquele instante e naquele local, não em nenhum outro. Sobre nós, não havia nada além de um céu negro, a lua e uma mera leveza que flanqueia os enamorados.

    Meses depois, ao final de setembro, casávamos em uma mansa tarde. Foi um casamento majestoso. A Catedral de Bilbao estava inteiramente enfeitada com cravos brancos e pequenos arbustos distribuídos ao longo do corredor principal, fitas e laços brancos nos arredores e em todos os bancos que traziam grandiosos detalhes na madeira esculpida. Meu vestido era longo e bordado, do decote do seio até os pés, branco, combinando com a decoração da igreja, como o casamento da minha mãe. Como ela não estava presente nesse dia único, eu quis fazer com que meu casamento se parecesse com o dela, para que eu resgatasse algo de meus queridos pais naquele dia tão especial.

    Eram doze padrinhos, uma aia e duzentos e vinte convidados bem arrumados, conforme dita o traje espanhol. A festa foi realizada em um clube ao ar livre, pois setembro ainda oferecia noites frescas e estreladas. A bebida incluía *cava* (champanhe espanhola), coquetéis em copos fabulosamente enfeitados, sangria, vinhos e uísque. A comida era típica espanhola, mas sofisticada – camarões servidos dentro de panelas de barro, arroz com açafrão, arroz negro, *paella* e peixe, tudo servido em minicumbucas de barro sobre a mesa – e a sobremesa, nem a ouso descrever: mousses de chocolate, mousses de morango, tortas originalíssimas, queijo com chocolate e *cheesecake* de frutas vermelhas. Bolhas de sabão foram a inovação na festa, e a música estava animada, pessoas para lá, pessoas para cá, garçons servindo, exatamente como uma noiva sonha. Esmera felicidade.

    Em seguida, o sonho do casamento ideal começou a mostrar seu fim, e o pesadelo a apresentar seu início. Dois anos de casados, a rotina atacou-nos. Para mim, o costume nunca foi algo que me chateasse. Sempre fui caseira, e ficar em casa, fazer uma jantinha e assistir a filmes nunca foram problemáticos. Mas para o Julian foi. O álcool começou a fazer parte de nossas vidas. Quero dizer, da dele. E da minha, de certa maneira. O que antes era um cálice de vinho à noite começou a ser uma garrafa. O que era antes uma garrafa veio a ser duas. Um dia de bebida na semana começou a repetir-se e Julian estava bebendo todas as noites. Então, tomei uma decisão que mudaria nossa rotina. Um filho. Era um filho que estávamos precisando. Uma criança. Uma criança que preencheria nossas vidas, nossas noites, nossas cabeças e corações. Um nenê que nos ocuparia de tal forma que não teríamos tempo nem para nós mesmos. Parei com a pílula anticoncepcional naquele mesmo mês. Estava muito animada com a ideia de ser mãe. E nem tive muito tempo para me acostumar, pois em dois meses, engravidei. O Julian ficou feliz com a notícia e até parou de beber por uns meses. Parar, não parou, mas diminuiu e nossa relação andava mais controlada e civilizada.

 Os primeiros sete meses passaram por nós muito rapidamente. O meu trabalho, as visitas ao médico ginecologista, as compras de roupinhas, fraldas, toalhas, lençóis, cobertores, carrinhos, cadeirinhas, o arrumar e o decorar o quarto para o bebê me ocuparam muito. Ademais, sempre tive meus compromissos, encontros com minhas amigas e com o pouco de família que me restou, não me esquecendo dos almoços de todas as sextas-feiras na casa da minha tia. O Julian já não bebia muito, pois também estava ansioso com a ideia de ser pai. O problema surgia nas poucas vezes em que ele bebia. Ele exagerava. E o derradeiro momento dessa bebedeira foi uma terça-feira à noite, quando ele chegou completamente embriagado em casa. Eu não o reconheci. Estava muito diferente do que era. Parecia estar furioso, e seu rosto estava mascarado com um agressivo olhar que me causou medo. Eu não gostei do que vi e pedi a ele que parasse com aquilo, pois ele seria pai em menos de dois meses, e eu não queria um pai bêbado para o meu filho. A discussão teve início, e começamos a brigar. A mão dele veio em direção ao meu rosto, e eu caí no chão com a força do tapa dele.

 Nunca me julguei submissa ou que apanha de homem. Não precisei pensar muito. Naquela mesma noite liguei para Nuria e avisei que estaria em sua casa em menos de vinte minutos. Arrumei uma mochila de roupas minhas e saí de casa para não voltar. Apanhar de marido não é concebível para mim, apanhar grávida de marido é o fim de qualquer matrimônio. No dia seguinte, pedi a um dos meus primos que fosse comigo à minha ex-casa e que me ajudasse a pegar o resto das minhas roupas. Dias depois, mandei um caminhão de frete para pegar tudo que eu havia comprado para o bebê e fui morar na casa da minha tia, quem sempre foi como uma mãe para mim. Tia Beth me tratava como própria filha, pois sua irmã havia morrido quando eu tinha oito anos. Oito anos! Como alguém pode sobreviver sem a mãe desde os oito anos? Como alguém pode viver sem uma mãe para contar que teve a primeira menstruação? Como não ter uma mãe para contar sobre o primeiro beijo, sobre o primeiro namorado, sobre a primeira transa? Tudo isso agora me atordoava, pois já não bastava minha mãe e meu pai serem arrancados de mim quando criança ainda, minha vida agora me extrairia o pai de meu filho?

Eu não tinha somente perdido o pai de meu filho, mas meu marido. E tudo que vinha com ele. Meu futuro. Meus planos. Minha chance de formar uma família. Não foi somente uma pessoa que eu perdi, mas todo um destino esboçado. E eu ainda tinha um bebê vindo ao mundo em poucos meses. E veio. Nasceu o Iago. Três quilos e quarenta gramas, um bebê coradinho, perfeitinho, carequinha, chorão e também o mais lindo deste mundo.

Com a chegada de Iago, minha separação não tinha mais importância. Eu sentia um amor absoluto por aquele bebê. As mães têm esse costume de dizer que só aprendemos o que é amor incondicional quando nos tornamos mãe. É verdade. Eu nem me importava mais de não ter o Julian por perto, não tinha tempo para perder com ele ao lado de Iago. Meu filho me trouxe harmonia, paz, um sentimento de completude. Eu não queria me distanciar dele por um minuto, sua presença significava a maternidade que, para mim, é o que se tem de mais sublime neste mundo estranho.

Um filho é a maior magnificência da vida de uma pessoa. Eles vão se tornando o chão, o ar e o céu de alguém. Depois que se tem um filho, aspiramos passar o máximo de tempo com eles, pois são as pessoinhas mais interessantes que conhecemos. Minha tia Beth também era muito especial, ajudou-me em todos os sentidos: financeiramente, fisicamente e psicologicamente. Ela me prometia que nada faltaria a Iago, como nada ela me deixou faltar. Não vou negar que o início foi difícil, crises de choro incontrolável no meio da noite, horas e horas amamentando, falta de sono e tudo que um bebê traz com ele. Tudo sem a ajuda do pai. Mas minha tia se dividiu em várias para poder me ajudar.

Quando meu bebê estava com dois meses e meio, em um exame solicitado pelo seu pediatra, descobriu-se que ele tinha um defeito no coração, não detectado nas duas únicas ecografias que eu fizera durante a gestação, conforme é de prática na Espanha. Os médicos chamavam de algo como artéria desviada no coração. Eu não acreditei quando soube. Não podia ser verdade. Não com o meu Iago. Mas era verdade e diferentes médicos acharam melhor operá-lo ainda quando bebê. Eu ainda não conseguia acreditar. Perdi minha mãe aos oito anos, meu pai aos doze, meu casamento acabara quando eu ainda estava grávida, e agora meu único filho tinha um problema no coração. O que mais poderia me acontecer?

Eu levei aproximadamente um ano para entender essa história do coraçãozinho dele, que não resistiu à cirurgia. Esmaecido dentro de um miúdo caixão de um metro por setenta e cinco centímetros, aleitava meu filho, um lindo bebezinho de três meses e meio padecido de seu atroz destino. O meu céu passou a ser apocalíptico, o chão de sólido concreto passou a ser um buraco interminável, onde as ruas e caminhos eram cortados como uma rachadura imensa. As águas vieram à cima, tapando todos os sonhos que restavam ser vividos.

Procurei um psiquiatra na ríspida semana do enterro de Iago, pois achei que não teria forças para continuar a existir. Eu não queria viver, mas não tinha coragem de tirar minha vida. Eu queria que Deus me unisse ao meu filho, mas ele não quis assim. Ele quis que eu continuasse vivendo por algum motivo ainda desconhecido e colocou o Dr. Gervaz na minha vida, o meu psiquiatra. O compreensível doutor ajudou-me a superar todos esses traumas e me fez querer continuar vivendo. Não que eu seja a pessoa mais feliz do mundo, não sou mesmo. Mas ao menos hoje consigo acordar e ir trabalhar como uma pessoa normal.

MELISSA

Las Vegas, julho de 2017. Tinha tudo para ser a típica despedida de solteira americana. E perfeita. Minhas quatro melhores amigas junto a mim num agitado final de semana na cidade que leva o ditado *"What happens in Vegas, stays in Vegas"*. Conforme a característica *bacherollete*, dirigimos de Phoenix, Arizona, até Las Vegas, no carro conversível da Hellen. Chegando lá, hospedamo-nos no Treasure Island, pegamos dois quartos, tomamos banho, colocamos vestidos curtinhos combinando com as maquiagens, saltos altíssimos e fomos para a noite, que prometia.

Eu e Jessica éramos comprometidas, portanto não faríamos nada além de beber abundantemente. Hellen, Lisa e Mia, no entanto, estavam solteiríssimas e pretendiam beijar muitos caras, e o restante ficaria para conta de cada uma. Nossa primeira noite decorreu como imaginávamos. Bebendo muito e passando de bar em bar, Mia e Hellen arranjaram duas figuras que preenchiam adequadamente o propósito de ambas para aquela sexta-feira frenética. Lisa acabou acompanhando a mim e a Jessica na zona feminina e regada de muita Margarita. Quanto aos cassinos, nós os deixamos para sábado à noite.

A manhã seguinte nos despertou com uma ressaca possante. Não demos a mínima importância, no entanto. Era o clima de Vegas. Vestimos nossos biquínis, colocamos nossos óculos de sol como quem se arma com um escudo e fomos à piscina do hotel para tomar o café da manhã e pegar um sol. Entre um banho de água gelada e alguns cigarros, começamos a bebericar aqueles maravilhosamente enfeitados coquetéis gigantes que só se consegue beber em Las Vegas. O meu favorito era uma Margarita de morango servida dentro de uma taça gigante, com dois tubinhos de ensaio flutuando cheios de tequila, balas de goma para dar um gostinho doce e sal ao redor do copo. Uma verdadeira delícia! O dia na cidade mais agitada de Nevada não oferece muito mais do que relaxar na piscina do hotel ou fazer compras em baixo do sol forte na Las Vegas Boulevard. Ficamos com a primeira opção.

À tardinha, subimos aos nossos quartos para tomar banho e nos vestirmos. Uma hora e meia depois estávamos no Cassino do Caesars, para não dizer que fomos a Vegas e não jogamos. Jantamos num restaurante japonês badaladíssimo no Venetian e, de lá, nossa noite deslanchou. Não muito distintamente da noite anterior: bebemos litros e litros de Margaritas, e o resultado foi o mesmo da sexta-feira: cinco porres, quatro beijos na boca – dessa vez Lisa também o fez, e Mia fez com dois caras em diferentes bares – e muita risada e diversão. Ao chegarmos ao nosso hotel, tivemos a magnífica ideia de tomar banho de piscina naquela quente noite de julho, uma vez que a piscina ficava aberta sábado à noite, diferente das outras, em que ela era fechada às vinte e duas horas.

Brincando de nos empurrar na água de vestidos, Hellen me derrubou para dentro da piscina e tropecei na beira ao cair. Bati fortemente as costas e perdi qualquer movimento para sair da água. Mia rapidamente me tirou da piscina com a ajuda das outras meninas. Já totalmente consciente na ambulância, um terror tomou conta de mim: eu podia ver que eu estava encharcada, mas não conseguia sentir. Fui levada para um hospital de emergência em questão de poucos minutos, mas a cada instante que passava, mais apavorada eu me tornava, pois não me voltavam os movimentos. Chegando ao hospital, um médico veio me consultar e logo me foi dada a explicação: eu tinha quebrado algumas vértebras e perdera o movimento de todo o corpo.

A maioria das pessoas, nesse exato momento, diria que suas vidas acabaram e que não teria mais sentido algum em viver. Eu, ao contrário, sempre muito positiva, tinha como minha última preocupação a desabilidade de caminhar. O que me perturbava, na verdade, era não poder fazer nada mais sozinha, inclusive ir ao banheiro, uma vez que eu não tinha a sensibilidade de perceber se minha bexiga estava cheia ou não. Depender de alguém para qualquer atividade era o que mais me incomodava.

Telefonei para o Joshua, meu noivo, sem receio nenhum de que ele iria cancelar nosso casamento. Eu conhecia muito bem meu futuro marido e sabia que o que tínhamos e sentíamos um pelo outro era sólido e estável. Ele pegou um voo até Las Vegas naquela mesma manhã juntamente aos meus pais e estava ao meu lado no hospital em questão de horas. Eu não estava errada em relação a ele. A única mudança que fizemos foi a data do casamento, pois precisamos adiar para o verão do ano seguinte.

Hellen foi quem nunca se conformou. Ela leva uma culpa junto a si constantemente, mesmo eu tendo dito a ela que eu poderia ter feito o mesmo com ela, poderia ter sido eu quem a tivesse empurrado. As meninas e qualquer outra pessoa que me conhece não entendem bem como eu consigo ser tão positiva tendo perdido algo de tão valioso na minha vida. A resposta que tenho é simplesmente que não me deixei abater. Fico chateada, sim, com o fato de que minha mãe tem que passar o dia inteiro comigo enquanto Josh sai para trabalhar, pois dependo de alguém para as mínimas coisas, como ir ao banheiro ou comer. Quanto à minha vida íntima com Josh, apesar de mantermos uma rotina sexual ativa e o fato de que não posso ter filhos, é frustrante não sentir nada de prazer físico, somente o psicológico. Ao menos esse, a minha queda não conseguiu me tirar.

CORINE E JONAS

Corine era funcionária de um sério e reconhecido jornal em Oslo, na Noruega. Trabalhou desde tempos da faculdade, começando sua carreira como assistente, até alcançar a posição de editora-chefe. Doze anos trabalhando na mesma empresa, casou-se com Jonas e tiveram dois filhos, Alex e Anna. Corine era uma primorosa jornalista e trazia em seu currículo respeitáveis reportagens e entrevistas com pessoas importantes. Cresceu na carreira rapidamente e não levou uma vida inteira para ser convidada para trabalhar nos Estados Unidos. A proposta e o salário eram irrecusáveis, e todos da família acharam a ideia sedutora. Jonas teria que arrumar um emprego no novo país, mas com o espírito ousado que tinha, não seria problema. As crianças ainda eram muito pequenas, tinham três e seis anos quando o convite para a América foi aceito e, assim, aprenderiam inglês como nativos. O plano parecia perfeito.

Mudaram-se para Chicago no final do verão de 2015, para que as crianças pudessem começar o ano escolar, que tem início em setembro nos Estados Unidos. O colégio de Alex era um dos melhores e mais bem célebres institutos particulares de Chicago. Anna precisou frequentar um *daycare* por ser ainda muito jovem e só poderia estudar na escola de Alex quando tivesse seis anos. Ambos aprenderam a língua perfeitamente e falavam inglês como duas crianças nativas.

A casa que o empregador de Corine alugou para sua família era o que muitos chamam de "o lar dos sonhos". Na Noruega, a família vivia em um apartamento de três quartos pequenos, uma sala, cozinha e dois banheiros. Não era ruim para o padrão de casas da Europa, onde as moradias podem ser pequenas e antigas. A casa no novo país era afastada da parte central de Chicago, porém era abissal: cinco grandes quartos, quatro banheiros, duas salas – a tradicional *family room* e uma mais arrumada para receber convidados –, uma enorme cozinha, garagem para três carros, *basement* e um belo jardim com uma varanda. Típica mansão americana. O jornal estadunidense que contratara Corine pagava o aluguel da casa, uma porcentagem da escola dos filhos, seiscentos dólares para ajuda de custos, como contas da casa e, ainda, o salário invejável de Corine.

Jonas no início se deslumbrou com a vida nova, assim como Corine. Casa gigantesca, família unida, escola e emprego ótimos, o sonho parecia estar completo. O que restava a ser concretizado era Jonas achar um emprego na sua área, técnico de futebol, mas certamente não estava com pressa. Passaram-se alguns meses, a casa já estava mobiliada, as crianças já estavam adaptadas às novas escolas e já haviam feito alguns amigos. A língua nunca foi um problema para os jovens Anna e Alex, pois o período de aquisição do inglês foi rápido e sem dificuldades.

Jonas então começou a procurar emprego no seu campo, bem como a permissão de trabalho nos Estados Unidos, mas não foi fácil como esperava. A maioria dos anúncios para trabalho exigia critérios que ele não alcançava. Inicialmente, os empregos de esportes geralmente requeriam técnicos para futebol americano, basquete ou basebol. Além disso, para ser professor, em muitas das escolas dos Estados Unidos, deve-se ter certificado na área de trabalho no estado onde se trabalha e essa exigência, Jonas não possuía.

O tempo foi passando, a família permanecia muito bem adaptada, Corine já estava enturmada com o seu novo grupo de trabalho, sendo convidada para vários *happy hours* e jantares, enquanto Jonas a acompanhava quando podia, mas também ficava em casa cuidando dos filhos quando havia um jantar importante para Corine e o casal não conseguia babá. Jonas não expressava verbalmente, mas o fato de que Corine tinha muitos amigos e convites para os encontros informais depois do trabalho, ou até mesmo para almoços e jantares, incomodava-o bastante. Ele temia quando o telefone da casa tocava no final do expediente de Corine, pois receava que fosse sua esposa ao telefone dizendo que iria ficar só duas horinhas com o pessoal do jornal tomando um drinque, pois o dia havia sido pesado. O que ele iria dizer para ela, não ir? Corine era quem trabalhava, trazia o dinheiro para dentro de casa e quem se estressava com o ritmo do trabalho americano. Ele não se sentia no direito de dizer para ela voltar para casa e não ir, no entanto, isso fazia com que Jonas se sentisse anulado. Afinal, ele era o homem da casa e não tinha um grupo de amigos para jogar futebol e muito menos para sair ou tomar cerveja.

Passado um ano, Jonas ainda não tinha nenhuma oportunidade de emprego, quando ele resolveu que a ideia de ficar em casa, cuidando dos filhos e tendo certeza de que eles tivessem uma boa educação e formação era suficiente para ele. Mesmo aceitando o plano de ter uma vida caseira, Jonas começou a deprimir-se e achar toda aquela rotina entediante e sem perspectiva. Com os filhos na escola das nove da manhã até às três e trinta da tarde, ele foi perdendo o interesse em sua nova vida. Corine estava cada vez mais bem-sucedida, e ele, cada vez mais desanimado.

Jonas tentou manter-se ocupado com outras atividades, como arrumar a casa, limpar e cuidar do jardim e cuidar de Benny, o cão que a família tinha adquirido dez meses depois de ter se mudado para Chicago. Porém nada disso preenchia o marido de Corine, cujo ânimo aproximava-se a uma depressão. Era ele quem levava as crianças para suas devidas escolas, mas, às nove e cinquenta da manhã, Jonas estava de volta à casa. Então ligava a televisão e ficava assistindo a programas e filmes. Permanecia na sala de TV até a hora de almoço, quando ia para a cozinha preparar um hambúrguer ou um sanduíche. À tarde, voltava para a sala da TV e dormia enquanto assistia aos programas americanos até ter que ir buscar as crianças em suas escolas.

Jonas manteve essa rotina por dois meses consecutivos, o que causou transtorno a Corine. A casa já estava uma bagunça, o jardim não era mais vistoriado por ele, pois já era novembro, meados de dezembro, e em Chicago já fazia frio. Benny já morava dentro de casa e não havia necessidade de banhar o cachorro, uma vez que Jonas nem saía de casa para passear com ele. Corine começou a se preocupar com seu marido, já que ele não se mantinha ativo em relação a qualquer atividade. Quando a família se reunia para jantar, Jonas mal falava e quase não interagia com seus filhos ou esposa. Era Corine quem sempre demonstrava interesse na vida escolar dos filhos, era ela quem preparava o jantar para a família, dava banho nas crianças e os colocava para dormir. O casal não tinha mais uma vida sexual ativa, e foi quando Corine resolveu conversar com Jonas e possivelmente procurar ajuda. Ela já havia percebido que todos os dias que entrava em sua casa, Jonas estava com seus olhos inchados de chorar. Ela também percebera que ele havia emagrecido muito e que não cuidava de sua aparência, como com corte de cabelo ou até mesmo fazer a barba.

Jonas sentiu-se ferozmente ofendido quando sua mulher indagou sobre a situação deles. Ele deflagrou uma crise de raiva e fúria por Corine não perceber que toda aquela situação pela qual ele passava era para ela poder ter a sua carreira. Alegou que era injusto um pai de família não ter um emprego e não ter que sustentar a casa enquanto ela brilhava na carreira jornalística. Jonas e Corine discutiram muito naquela noite, mas a próspera esposa entendia o sofrimento do marido. Ela compreendia, mas achou um pouco egoísta, afinal, ele se encontrava daquele jeito por conta própria, pois podia arranjar um emprego em alguma outra área. Corine sugeriu a Jonas que procurasse algo para fazer na escola de Alex, mesmo que fosse voluntário, pois dinheiro, naquele momento, não era um problema, dizia ela.

Foi o que Jonas fez na semana seguinte. Tomou a decisão de que não iria mais se deprimir e que tinha que ir em frente, afinal, já residia nos Estados Unidos por mais de um ano, tinha que fazer algo da sua vida além de ser pai e marido. Foi até a escola de Alex e conversou com Mr. Steven, um dos supervisores. Ele lhe assegurou que falaria com o quadro de diretores da escola, mas que o pai de família seria bem-vindo em treinar os meninos mais jovens. Três dias mais tarde, Mr. Steven ligou para Jonas, convidando-o para trabalhar na escola voluntariamente. Jonas ficou muito entusiasmado com a ideia e começou no dia seguinte. Após deixar Alex em sua sala de aula, foi conversar com o treinador de basebol para aprender o que faria em seu novo emprego.

Jonas ficou em treinamento por duas semanas consecutivas até começar a ser o assistente do treinador da turma da segunda série. O novo trabalho energizou muito Jonas, que já estava sabendo de todas as regras de basebol e tendo uma ótima relação tanto com os alunos como com os outros professores e treinadores da escola. Mas Jonas foi perdendo o entusiasmo de iniciante e também começou a comparar seu trabalho voluntário com o de Corine e com o dos professores, que ganhavam salários e benefícios. Não que ele os precisasse, pois tinha todos os benefícios de Corine.

Após seis meses trabalhando como assistente de técnico e muitos dias de desânimo, Jonas deixou sua posição na escola do filho e começou a procurar um emprego que lhe pagasse. Não teve sucesso, pois não encontrou nada que valesse a pena e, então, desistiu. Uma noite, esperou Corine para conversar e dizer a ela que não suportava mais aquela vida nos Estados Unidos. O que para ela era uma brilhante oportunidade profissional, para ele estava sendo uma sofrida tortura. Conversaram por horas naquela noite e decidiram voltar a morar na Noruega.

 Corine ficou muito conturbada em ter que deixar aquela vida bem-sucedida na América. O jornal tinha apostado nela, levando-a para os Estados Unidos. Seu salário era quase o triplo do que ela ganhava na Noruega, sem considerar o fato de que o aluguel da mansão era pago pela empresa. Seus filhos haviam se adaptado facilmente, já falavam inglês como crianças americanas e tinham seus amigos. Contudo, o que adiantava tudo isso se seu marido não estava bem e não havia se adaptado? Afinal, eles foram morar nos Estados Unidos como uma família, e família para Corine era símbolo de união. A fiel esposa não queria que Jonas sofresse e nem cogitava a ideia de ele querer deixá-la e os filhos. Para Corine, o que importava mesmo era sua família e não o local onde eles viviam. Ela sabia que estaria fazendo um sacrifício pelo marido em voltar para a Noruega, mas era o mesmo sacrifício que Jonas havia feito ao se mudarem para Chicago.

 Assim, Corine deu seu aviso de demissão ao jornal e a família regressou à Noruega três meses depois. Para Corine, sua família e seu casamento eram sua prioridade.

MARIA PIA E EDUARDO CASTANHO

Senhoras e senhores, apresento-lhes Maria Pia. Alagoana, dançarina, cantora e, sobretudo, linda e do tipo gostosona. Filha de pais miseráveis e analfabetos. Agora introduzo Eduardo Castanho, paulistano excessivamente endinheirado, filho de pais inversamente do que chamamos de miseráveis, possuem um amontoado de bens, carros, imóveis e um jorrado de dinheiro. A fortuna da família Castanho beira na casa dos bilhões. Apesar das diversas diferenças, Maria e Eduardo dispõem de algo em comum, um filho chamado Gabriel.

Maria mudou-se com a mãe para São Paulo, deixando suas duas irmãs – uma por parte de pai e mãe, outra somente por parte de mãe – na cidade natal. A jovem se sustentava com a dança, o que era bem pago na capital paulista. A mãe, meses depois, conseguiu trabalho como cozinheira na cozinha de um hotel de 3 estrelas nos subúrbios de São Paulo.

A dançarina de olhos verdes claros mesclados com um tom de mel, cabelos invejosamente brilhosos loiros avermelhados e um impecável encurvado corpo de pele levemente bronzeada conheceu o ricaço já no primeiro ano na cidade frenética. Maria dançou para Eduardo na casa noturna na qual trabalhava em uma terça-feira bastante calma. Eduardo era um empresário opulento e mediocremente jeitoso. Maria estava próxima de se aproximar do alvo que ela mirava para sua vida, o de encontrar um homem seguramente estabelecido, namorá-lo por um tempo e engravidar assim que fosse possível e, dessa forma, sua vida estaria completa e garantida. Ao menos era o que parecia.

A loira arruivada de curvas perfeitas apanhou o garanhão na primeira oportunidade que pôde. O jovem de sobrenome conhecido era mais novo do que ela, e a madura alagoana não teria motivo para não suceder nessa tarefa. Garoto bobo e acriançado ainda, apaixonar-se-ia por ela indubitavelmente, já que agora, mesmo com seus irrelevantes vinte e sete anos, aparentava ser uma mulher prudente, mesmo com a profissão de que dispunha.

Não tardou para que a dançarina precisasse trocar de profissão para que ambos pudessem formar um casal. Com o apoio dele, Maria se inscreveu em uma renomada escola de atores e, já no primeiro ano de curso, estava escalada para um papel bem secundário em um programa adolescente da televisão. Dois meses passados, o talento da nordestina era visível na telinha, além do fato de que ela exaltava um carisma com seu rosto perfeitamente belo. Tomava o início uma carreira.

Tenho que aplaudir em pé a brava Maria Pia e seu plano selvagem bem-sucedido. A floresta, certamente, é o cenário metafórico perfeitamente adequado para descrever essa experiente leoa e seus arranjos animalescos. Além disso, sabemos que no fim da fábula, a selva malvada sempre acaba sendo driblada pelos animais mais espertos e corajosos.

Levou apenas um par de anos após sua chegada a São Paulo para a ambiciosa e meiga Maria conseguir o que almejava. Pescou um ricaço na nova cidade, tratou de conhecê-lo, namorá-lo, fazê-lo se apaixonar por ela e pela sua abundante meiguice e, ainda, o que não devia estar nos planos, conseguiu uma carreira idolatrada por muitos, mesmo quando não o é. Sem levantar suspeitas. Aplausos para Maria.

Mas a novela não finda por aqui. Sua mãe foi mandada de volta ao Nordeste quando a carreira na TV tomou força. Ela destoava demais da filha, que agora era uma verdadeira estrela. Estrela que ainda não lucrava o suficiente para se manter na capital e, portanto, partiu para a parte A do plano inicial, ou B, pois os eventos tomaram direções imprevisíveis ao longo do percurso.

Maria alugava um apartamento barato, que não condizia com a realidade do namorado executivo. A carreira avançava, pois o talento da meiguinha Maria dava-se por estabelecido. Só que como toda novela cheia de dramas, o pai anunciou um câncer inicial, cujo tratamento podia ser eficaz se custeado e custeado logo. A atriz julgou não ser a cena ideal, tampouco o momento para tudo aquilo acontecer. Era muito envolvimento familiar para quem estava em um sério relacionamento amoroso e ascendendo na carreira de atriz na televisão.

Bem, hora de partirmos para o plano A ou B. Ela tratou de engravidar de Eduardo. Conseguiu, rapidamente, assim como fazem os leões com as leoas. O enredo, no entanto, era bem mais complexo do que parece. Eis o que Maria não esperava, que foi revelado no final desta peça: o jovem namorado era parcialmente estéril desde os dez anos, quando teve que se submeter a uma cirurgia nos testículos que, pela mais misteriosa razão, deixara-o noventa por cento com chance de ser estéril, não revelado até então.

Entretanto a leoa, com suas armadilhas na cruel floresta, ainda tinha chance de vir a ser a heroína da história, pois restava a Maria os dez por cento das mais escassas chances no seu plano de salvação. A armação da mocinha deu certo. O nascimento de Gabriel veio a apagar qualquer dúvida de genes, esterilidade, armação, seja qual for o nome do enredo. A origem duvidosa do menino pelo pai não careceu teste de DNA algum. Gabriel era a cópia do pai, desde o primeiro dia de vida. Quanto ao pai da atriz, ele recebeu todo o dinheiro de que precisava para custear seu tratamento. Todo mundo teve o fim que queria.

Fim.

Aplausos.

– Bravo, Maria!